KB077368

내 감정에
잡아먹히지 않는
독서의 기술

내 감정에 잡아먹히지 않는 독서의 기술

초판 1쇄 2021년 02월 24일

지은이 김현주 | **펴낸이** 송영화 | **펴낸곳** 굿위즈덤 | **총괄** 임종익

등록 제 2020-000123호 | **주소** 서울시 마포구 양화로 133 서교타워 711호

전화 02) 322-7803 | **팩스** 02) 6007-1845 | **이메일** gwbooks@hanmail.net

© 김현주, 굿위즈덤 2021, *Printed in Korea*.

ISBN 979-11-91447-03-3 03190 | 값 **15,000원**

내 감정에
잡아먹히지 않는
독서의 기술

김현주 지음

굿위즈덤

prologue

나도 모르게 부정적인 감정에 잡아먹힌다면
당장 독서를 하자!

　오늘은 비가 내리는 흐린 날씨다. 새벽부터 내린 비로 하늘은 온통 비구름으로 뒤덮여 있고 안개가 뿌옇게 끼어서 앞을 내다보기도 힘들 정도다. 하지만 이런 날씨도 이젠 너무 운치 있다. 운전하기는 힘들지만 불평은 하지 않는다. '곧 날씨가 좋아지겠지.' 하며 오늘 하루를 상쾌하게 시작한다.

　아이는 오늘 아빠와 등원하기로 한 것이 마음에 들지 않는지 현관에서부터 엉엉 운다. 예전 같으면 몇 번 달래다가 큰소리를 내며 화를 냈을 것이다. 하지만 나는 끝까지 아이의 마음을 이해하려고 했다. 오늘 아침 나는 내 안의 부정적인 감정이 일어나지 않게 하려고 노력했다. 나에게 주어진 환경과 상황의 좋은 면만을 바라보려고 한 것이다.

우리는 하루에도 수십 번 여러 가지 감정에 사로잡힌다. 의도했든 안 했든 우리는 기쁨, 행복, 실망, 좌절, 고통, 슬픔이라는 다양한 감정을 느끼며 살아간다. 그동안 나는 이러한 감정들이 내가 아닌 외부의 환경에 의해 발생하는 감정이라고 생각했다. 나처럼 생각하는 사람들이 많을 것이다. 부정적 감정의 소용돌이에 빠져 들게 되면 행동, 말투, 눈빛 또한 내가 아닌 다른 사람으로 변해버린다.

우리는 감정의 동물이다. 내가 내 감정을 스스로 컨트롤할 수 없다면 우리는 언제나 다른 외부의 사람들, 환경에 휘둘리는 삶을 살아가게 될 것이다. 내가 내 인생의 주인이 아닌 이방인이 되어 살아가는 모습을 상상해보자. 상상만으로도 너무 끔찍하다.

내 인생을 내가 주도하고 스스로 개척하며 새로운 세상을 만들어가야 한다. 그런데 주인으로서 행세도 못 하고 다른 사람들에 의해 휘둘리는 삶이라니. 삶의 의욕이 떨어지는 느낌이다.

나는 책 읽기를 통해 내 안의 부정적인 감정을 긍정적인 감정으로 승화시키는 중이다. 아직도 많이 부족하고 미흡하지만 책은 나에게 내 감정의 주인으로 살아가는 방법을 알려주었다. 내 인생을 주도적으로 계획하고 이루어나갈 수 있는 힘을 주었다. 이제는 어느 누구의 말과 행동 때문에 내면의 상처를 받거나 나의 의견을 무시하지 않는 단단함이 생겼다. 삶에서 나를 가장 중심에 놓고 생각하게 되었다.

엄마, 아내가 되면서 내 인생은 아이, 남편에 의해 뒷전이 되었다. 그러나 책을 통해 가족 안에서 나의 중심을 찾고 가족의 화목을 위해 내가 어떠한 마음가짐과 생각을 가져야 하는지 알게 됐다.

이 책을 통해 육아로 지친 대한민국 엄마들을 위해 실생활에서 유용하게 활용할 수 있는 책 읽기 방법을 나누고자 한다. 또한 책 읽기의 어려움 때문에 독서를 시도하지 못하는 모든 사람들에게 책 읽기의 편안함과 즐거움을 전하고 싶은 마음으로 책을 썼다.

책 읽기가 어렵고 힘든 사람들이 많이 있다. 나 역시 그랬다. 그래서 책 읽기의 실천에서 고민하는 사람들의 마음을 충분히 이해한다. 그들의 고민에 내 책이 도움이 되길 바란다.

이 책은 부정적 감정에 쉽게 빠지는 사람들이 독서를 통해 삶이 어떻게 변화될 수 있는지에 대한 나의 생각과 경험을 담고 있다. 책은 총 5장으로 구성되어 있다. 1장에서는 내 감정이 도대체 왜 이러는지에 대해 이야기한다. 2장에서는 내면의 불안이 사라지지 않는 이유에 대해 담아보았다. 3장은 부정적 감정에서 벗어나는 10분 독서 방법을 설명한다. 4장에서는 내 감정에 잡아먹히지 않는 독서의 기술을 제시한다. 5장에서는 독서로 내 감정의 주인이 되는 노하우를 적었다.

이 책이 나오기까지 도움을 주신 김태광 대표님께 감사를 드린다. 한 줄기 희망을 보시고 지속적인 용기를 주신 덕분에 책 쓰기를 완성할 수 있었다. 그리고 항상 내게 많은 능력이 있다고 용기를 주신 소연 씨께도 감사를 드린다. 무뚝뚝한 딸, 며느리, 아내를 응원해주신 부모님, 시부모님, 남편, 여동생, 귀염둥이 딸에게 감사의 말씀을 드린다.

contents

3장 부정적인 감정에서 벗어나는 10분 독서

4장 내 감정에 잡아먹히지 않는 독서의 기술

5장 나는 독서로 내 감정의 주인으로 사는 법을 배웠다

1장

도대체 내 감정이
왜 이럴까?

도대체 내 감정이 왜 이럴까?

"채원아~ 아침이야. 일어나자~."

"채원야~ 어린이집 가야지~, 어서 일어나~!" 아직까지는 상냥한 말투이다.

"채원아, 일어나자~~, 아이고 우리 아기 많이 졸려요? 그러니깐 밤에 일찍 자야지~." 다시 한 번 상냥하게 이야기하고 잠시 기다린다.

"정채원!!! 엄마가 일어나라고 했다! 빨리 일어나!!" 네 번째 만에 나는 언성을 높여 말을 한다. 아이는 엄마 목소리에 놀라 꿈틀거리며 느릿느릿 일어난다.

우리 집 아침 풍경이다. 우리 딸은 에너지가 엄청 넘치는 아이다. 밤만 되면 눈이 말똥말똥해진다. 잠잘 시간이 되어 침실에 들어가면 꼭 책을 읽고 싶어 한다. 책을 좋아하니 엄마인 나도 흔쾌히 잠자리 독서를 해준다. 아이는 본인이 가지고 온 책을 다 읽으면 다시 가져오기를 여러 번. 한 시간도 넘게 책을 읽는다. 그러다가 나는 너무 늦었다며 달래보다가 강제로 불을 끈다.

책 읽어주다 지친 엄마는 딸아이가 잠들기도 전에 먼저 잠들어버린다. 이렇게 늦게 자니 아침 기상이 쉽지 않다. 상냥한 말투로 깨우다가 결국에는 큰소리가 나는 것이다. 부랴부랴 간단히 밥을 챙겨 먹이고, 옷을 입히고 차를 태워서 어린이집에 보내면 뭔가 이상한 느낌이다. '아침부터 내가 애한테 너무했나? 조금 기다려주면 될 일인데 괜히 소리는 질러 가지고 아이 기분만 망친 것 아닌가?'라는 생각에 마음이 안 좋다. '이따가 하원하면 잘 해줘야지.' 하고 다짐한다.

4시, 하원 시간이 다 되어간다. 아이가 어린이집에 가 있는 동안은 시간이 쏜살같이 지나간다. 운전을 해서 후다닥 어린이집에 도착하면 기쁜 마음으로 아이를 안아준다. "어린이집에서 재미있었어? 엄마 안 보고 싶었어? 친구들이랑 사이좋게 놀았어?" 나는 아이가 어떻게 지냈는지 궁금해서 질문을 쏟아낸다.

집에 와서 간단히 간식을 먹인다. 아이가 간식 먹는 동안 나는 저녁 준비를 한다. 저녁 준비를 하는 중에도 아이는 계속 엄마를 부르고, 자기랑 같이 놀자고 떼를 쓴다. 나는 "잠깐만 엄마 이것만 하고, 잠깐만 엄마 설거지 좀 하고."를 수차례 말한다. 그러다 보면 아이는 아이대로 속상하고 계속 보채는 아이 때문에 나도 슬슬 화가 간다. 아이가 등원할 때만 하더라도 나는 '하원하면 더 잘 해줘야지.'라고 생각했다. 그런데 아이의 이야기를 들어주기보다 당장 급한 집안일 때문에 아이의 눈을 바라보지 못했다. 결국 "너 혼자 못 놀아!!"라며 아이에게 상처 주는 말을 했다. 아이가 울면 나는 바보 같은 엄마 같다. 속상함에 아이와 부둥켜안고 같이 엉엉 운다.

가수 이적의 어머니, 박혜란 작가님은 3형제를 훌륭하게 키우신 분이다. 저자의 책『다시 아이를 키운다면』에서 작가는 아이 존재 자체를 고마워해야 한다고 말씀하셨다. 뒤돌아보니 짧은 육아 기간이었다면서 아이를 사랑으로 키우라고 하셨다. 그리고 "아이에게 고마움을 표현하라. 아이를 손님으로 대하라. 행복한 웃음을 달고 살아라."라고 말씀하셨다. 그 책을 읽으면서 한 구절 한 구절이 너무나 이해되고 나도 이렇게 아이를 한 명의 소중한 인격체로 존중하자 다짐했었다.

아가씨 때 나는 성숙한 어른이자 따뜻한 엄마가 되고 싶었다. 길거리에서 아이에게 소리 지르고 혼내는 엄마를 보면 '뭐 저런 엄마가 있지?' 했었다. 장소만 집일 뿐이지 나는 내 감정의 쓰레기를 아이에게 던지고 있었다. 그토록 경멸했던 모습이었는데, 내가 아이에게 어른답지 않게 불 같이 화를 내고 있었다. 찰나의 순간만 지혜롭게 넘어갔으면 아이도 나도 좋을 일이었다.

최근에 공짜 영화표가 생겨서 남편과 새로 개봉한 영화를 보러 갔다. 남편이 예약을 했고 나는 영화의 내용도 모르고 극장에 갔다. 영화는 〈삼진그룹 영어 토익반〉이었다. '영어 공부하는 내용인가?'라고 가볍게 생각하고 영화를 보았다. 스토리는 여자 주인공이 회사 공장에서 불법 폐수 방류를 목격하게 되면서 회사의 불법을 바로 잡기 위해 고군분투하는 내용이었다. 스토리 전개상 눈물이 펑펑 날 만한 감동적인 장면은 크게 없었다. 그런데 나는 영화를 보다가 고아성이 마을 사람들을 애처로운 눈빛으로 쳐다보는 장면에서 눈물이 나기 시작했다. 그리고 영화가 끝날 때까지 엉엉 울었다. 남편은 울고 있는 나를 보며 의아해했다. 지금 와서 생각해보면 눈물 날 정도로 감동적인 장면도 아니었다. 왜 눈물이 그렇게 났는지……. 나는 영화를 보다 왜 눈물이 터져버렸는지 지금도 모르겠다.

이렇게 어이없는 눈물이 시도 때도 없이 난다. 올 한 해 엄청난 열풍을 불러일으킨 〈미스터 트롯〉이란 프로그램이 있다. 우리 집에는 TV가 안 나오기 때문에 나는 〈미스터 트롯〉이 인기 있는 줄 몰랐다. 친정에 가면 부모님께서 즐겨 보셔서 가끔 보는 정도였다.

출연진들의 스토리도 알지 못하고 그 동안의 경연 과정도 잘 몰랐지만 '정동원'이라는 아이가 나와 노래를 부르는데 갑자기 마음이 뭉클하더니 코끝이 찡해지는 것이다. 그때 거실에는 부모님, 남편, 여동생, 딸아이까지 있었는데 눈물이 나는 것이었다. 너무 창피해서 서둘러 화장실에서 마음을 가라앉혔다. 빨간 코가 하얗게 될 때까지 기다렸다가 나왔다.

영화나, 드라마, 심지어 예능을 보다가도 나는 어떤 한 포인트에서 눈물이 주르륵 난다. 생전 처음 보는 사람들의 이야기에 완전히 감정 이입이 된다. 친구와 이야기를 나누다가도 친구의 아이, 남편 이야기에도 마치 내 일처럼 심각하게 감정 이입이 된다. 좋게 말하면 상대방과의 감정 교류가 원활하게 이루어진 것이다. 하지만 내 마음이 단단하지 못한 것 같아 눈물을 흘리는 내가 부끄러웠다.

지금은 낙엽만 굴러가도 까르르 웃는 10대 소녀도 아니다. 40이 다 되어 무슨 주책인가 싶다. 그래서 나는 슬픔, 안타까움, 연민, 동정 등을 다루는 드라마, 다큐멘터리, 영화 등은 애써 보지 않으려고 했다. 나도 모르게 슬픈 감정이 스펀지처럼 마음속으로 스며드는 것을 차단한 것이다.

결혼 전에 나는 예쁘게 꾸미고 다니는 것을 좋아했다. 두 살 차이 나는 여동생이 있었기 때문에 각자 옷 한 벌을 사면 두 벌을 서로 바꿔가며 입곤 했었다. 일석이조였다. 나는 내가 입는 옷, 신발, 가방, 액세서리 등을 굉장히 신경 써서 골랐다. 예쁘게 차려입고 나가면 기분도 좋았다. 직장 동료나 친구들이 나에게 예쁘다고 말해주기를 은근히 기대했다. 사람들이 내가 입은 옷, 가방, 신발을 괜찮다고 생각할까에 많은 신경을 썼다.

물론 20~30대 남녀가 자신의 외모에 신경 쓰는 것은 크게 문제되지는 않는다. 다만 내 만족이 아닌, 타인의 시선에서 자유롭지 않다는 것이 문제인 것이다. 그런데 나는 타인의 시선에서 자유롭지 않았던 것이다. 집 앞 슈퍼에 갈 때도 승강기 안이나, 길거리에서 아는 사람을 만날까 봐 모자라도 꼭 쓰고 나갔다. 나의 꾸미지 않은 모습을 누군가가 보는 게 싫었다. 간단한 외출을 하더라도 무조건 제대로 꾸미고 예쁘게 챙겨 입고 나갔다. 길거리에서 만나는 알지도 못하는 사람들의 시선에 무척이나 신경을 썼던 것이다.

우리 집에 놀러온 친구는 책장에 꽂혀 있는 가토 다이조의『나는 왜 눈치를 보는가』책을 보더니 "현주야, 왜 이런 책이 있어?"라며 책을 꺼내 들고 서로 깔깔 거리며 웃었던 기억이 난다. 내가 몇 년 전에 샀던 책이었다. 내 마음을 알고 있는 듯한 책 제목에 끌려 샀던 책이다. 이 책의 존재는 20대에 내가 고민했던 문제의 흔적인 것이다.

이런저런 핑계를 대다가 오랫동안 읽지 못했다. 최근에 또 한 번 눈에 띄어서 책을 읽어보았다. 작가는 "자신의 마음을 소홀히 다루는 것은 알코올 중독자가 몸을 소중히 여기지 않는 것과 같다"고 했다. 알코올 중독자는 술 이외에는 아무런 관심이 없다. 내 몸을 소중히 생각하지 않는다. 나는 이 책을 읽고 자신을 이해하고 사랑하자, 부모가 아이를 보살피듯 나를 조금 더 보살펴야겠다고 생각했다.

30대가 되면서 상대방의 시선, 말에 지나치게 신경 쓰는 내 모습이 왠지 싫었다. 그동안 나는 원하는 것을 내 마음대로 하면 되는데 사회적 분위기, 직장 분위기, 가족들 의견에 신경 쓰느라 내 마음의 소리에 충실하지 않았다. 그러다 보니 내안에 억압된 욕구들이 못된 감정이 되어 여기저기서 쉴 새 없이 터져 나왔다. 그 감정의 불덩어리는 아이, 남편, 부모님에게로 날아가버렸다.

내 의도는 그게 아니었는데 미운 말은 상대방과 나를 아프게 했다. 그런 상황을 초래한 내가 너무 한심했다. 이제 진짜 내 마음의 소리에 귀를 기울여 나를 인정하기로 했다. 하루에도 수십 번 변하는 내 감정을 다그치지 말자. 변화무쌍한 나의 감정을 소중히 아끼고 들여다보기로 다짐했다. 그러면 화가 나 튕길 것 같은 못된 감정은 순수한 어린아이처럼 고요해질 것이고 나는 편안함을 느끼게 될 것이다.

시도 때도 없이 올라오는 욱하는 감정

우리 엄마는 내가 어릴 때부터 맞벌이를 하시느라 무척이나 바쁘셨다. 엄마는 맞벌이로 고생을 많이 하셨다. 슈퍼와 식당, 화장품 가게를 20년 넘게 하셨다. 다행히 가게는 집과 가까웠다. 하교 후 엄마 가게에서 간식과 저녁을 챙겨 먹고 동생과 나는 집으로 갔다. 엄마는 10시에 가게 문을 닫고 오셨다.

동생과 나는 엄마, 아빠를 기다리며 놀다가 종종 거실에서 이불도 없이 잠들곤 했었다. 엄마는 거실에서 자고 있는 나와 동생을 보면 많이 속상하셨다고 했다.

바쁜 부모님은 주말에는 최대한 딸들과 시간을 보내려고 무척 애쓰셨다. 엄마는 일주일에 한 번 일요일에 쉬셨다. 아침 일찍 가족들과 성당에 갔다. 미사가 끝나면 남문에 가서 외식도 자주 했었다. 부모님은 특별히 나를 혼내시거나 체벌을 하지도 않으셨다. 그렇게 모나지 않은 유년시절을 겪고 대학 졸업 후 취업을 했다. 가족여행도 다니고 엄마, 동생과 쇼핑도 자주 하며 서로에게 어울리는 옷도 골라줄 정도로 우리 가족은 사이가 좋았다. 모녀가 같이 다니면 매장 매니저에게 부러움을 사기도 했다.

그런데 20대 후반쯤부터 엄마는 나에게 "다른 집 애들은 집에 오면 이것저것 시시콜콜 이야기한다는데 우리 집 애들을 남자애들보다 못해!" 라는 말을 자주 했다. 그랬다. 나랑 동생은 엄마와 친하게 지내긴 했지만 매일의 일상을 세세하게 공유하지는 않았다. 회사에서 동료나 상사는 어떤 성향의 사람인지, 남자친구와 데이트는 어떻게 했는지, 동성 친구와 만나면 무엇을 먹고 어떤 이야기를 하는지 등을 엄마에게 세세히 말하지 않았다. 그런데 엄마는 다른 집 딸들은 살갑다며 우리와 비교를 하고 서운해하셨다.

나는 어린 시절부터 부모님과 자주 대화를 하지 못했다. 아빠는 직장 생활로 바쁘셨다. 엄마 역시 가게를 하시느라 10시 넘어 동생과 내가 잘 때 집에 오셨다. 대화를 할 시간이 턱없이 부족했다. 진짜 중요한 이야기만 그때그때 했던 것이다. 학교 준비물, 학원비 내는 날 등의 중요한 이야기만 했었다.

가끔 드라마를 보면 딸이 엄마에게 친구 흉을 보거나 직장상사 때문에 속상한 이야기를 한다. 그러면 엄마가 상사 욕을 해준다. 딸은 "엄마, 너무 욕하지 마. 엄마랑 이야기하고 나니깐 기분이 풀렸어."라고 말하는 장면들이 꼭 있다. 하지만 난 그런 경험이 별로 없었다.

그런데 갑자기 엄마는 나에게 살가운 딸이 되기를 바라시니, 난 어떻게 해야 할지 전혀 감이 안 잡혔다. '살가운 딸이라……. 다른 집 딸들은 다 그런다고?' 그래서 나는 친구한테 "넌 엄마랑 이야기 많이 해?"라고 물어도 봤다. 그런데 친구들은 진짜 다들 엄마랑 소소한 대화를 많이 하고 지낸다고 했다. 난 무척이나 충격적이었다.

20년을 넘게 그렇게 지냈는데 엄마는 나에게서 다른 모습의 딸을 원했다. 그쯤 엄마도 갱년기가 왔던 것 같다. 엄마는 나에게 궁금한 게 있으면 질문에 질문을 이어가며 세세하게 물어보신다. 그런데 나는 중요한 내용 몇 가지만 말하고 대화를 마무리하려고 했다. 그러다 보면 나는 "엄마는 왜 이렇게 꼬치꼬치 물어봐? 아까 이야기했잖아!"라고 엄마에게 사납게 말했다. 엄마는 딸에 대해 많이 알고 싶어 하셨고 나는 적당히 말하고 싶어 했다. 결국 둘 중 한 명은 기분이 상한 채 대화를 끝내는 경우가 많았다.

나도 TV에 나오는 모녀지간처럼 엄마와 꿍짝이 잘 맞는 대화를 하고 싶었다. 하지만 엄마와의 대화는 보물을 찾으려는 사람과 보물을 감추려는 사람처럼 절대로 가까워질 수 없는 상황의 반복이었다. '왜 이럴까……. 엄마가 원하는 것은 대단한 것도 아닌데, 그냥 딸들이랑 자연스럽게 대화를 하고 싶으신 것인데.'라는 생각에 죄송하기도 했다. 하지만 나는 엄마랑 소소한 이야기를 하는 것이 한동안 매우 어려웠다.

30대 중반이 되어 4년간 연애를 하고 지금의 남편과 결혼하였다. 남편은 연애 시절 "우리 결혼하면 절대 싸우지 말자."라고 여러 차례 말했다. 4년간의 연애 기간에도 큰소리 내며 싸워본 적이 없다.

결혼을 하고 신혼 초반에 광명 이케아에 쇼핑을 갔다. 외부에 주차를 간신히 하고 건물 안으로 들어가는 길에 카트가 눈에 띄었다. 내가 "오빠, 저 카트 가지고 들어가자."라고 말했다. 남편은 "안에 들어가면 있어."라고 했다. 나는 다시 "안에 복잡하고 어디 있는지 찾아야 하니깐 그냥 여기서 가지고 가자."라고 했다.

카트를 지금 가지고 들어가느냐, 그냥 들어가느냐 때문에 실랑이를 한 것이다. 언성이 점점 높아지고 서로의 의견을 내세우느라 우리는 결국 감정이 상했다. 남편은 화가 나서 씩씩거리더니 나에게 혼자 집에 가라고 했다.

처음 와본 곳이지만 무서울 게 없었다. '내가 차가 없으면 집에 못 갈 줄 알고!!'라고 생각했다. 발걸음을 돌려 버스나 택시를 타는 곳으로 화가 난 채 걸어갔다. 그리고 몇 걸음 걸었을까 남편은 달려와서 나를 잡았다. "여기서 어떻게 갈려고!" 괜히 눈물이 핑 돌았다. 결국 우리는 그럭저럭 화해를 하고 건물 안으로 들어갔다.

도대체 우리는 왜 이런 걸까? 서로 한 발짝씩만 물러나면 될 일이었다. 나는 왜 건물 안에서 카트를 챙기면 된다는 남편의 말에 욱하고 화를 낸 것일까? 내 의견을 인정해주지 않음에 무척이나 서운했던 것 같다. 남편도 똑같은 감정이었을까? 지금 현재 상대에게 느낀 서운한 감정을 인식하고 내가 느낀 감정 그대로 "나는 오빠가 내 의견을 안 들어줘서 서운했어."라고 말했으면 될 일이었다.

6살 난 딸아이는 이유식에서 유아식으로 넘어가는 시기부터 잘 먹지 않으려고 했다. 맨밥만 먹거나 국만 먹으려고 했다. 골고루 먹었으면 하는 엄마 욕심에 식판에 다양한 반찬과 함께 밥을 차려주었다. 아이는 한 입 받아먹고 입 안의 음식을 씹지도 않고 한동안 담아두었다. "꼭꼭 씹어서 먹자."라는 말을 식사 내내 내 입에 모터가 달린 듯 계속 쏟아냈다.

아이의 식사 시간은 돌 때부터 나에게 스트레스로 느껴졌다. '다른 애들은 국에 밥만 말아줘도 잘 먹던데, 김이랑 멸치만 있어도 밥 한 공기 뚝딱이라는데, 우리 딸은 왜 이렇게 안 먹을까.'라고 생각했다.

한술 먹여보겠다고 30분 간 아이와 실랑이를 벌인다. '더는 안 먹겠지.' 하고 정리하면 아이는 배고프다고 맛있는 것을 달라고 한다. 나는 "안 돼! 밥 안 먹었으니깐 간식은 없어!"라고 단호히 이야기한다. 아이는 배가 고픈지 계속해서 먹을 것을 달라고 보챈다. 한두 번 딸아이 요구를 들어주었다. 그랬더니 아이는 밥은 조금 먹고 간식을 먹는 습관이 생겼다.

아이의 식사 습관을 고치려고 결심했다. 아이에게 식사 시간에 밥을 먹지 않으면 이제부터 간식은 없다고 설명하였다. 아이는 알겠다며 도장까지 찍고 약속을 했다. 하지만 역시나 조금 먹고 돌아선다. 그릇을 정리하면 그때 먹을 것을 찾는다. 결국 나는 꾹꾹 누른 화가 미친 듯이 폭발한다.

"정채원! 너 엄마랑 약속했지?"

"밥 안 먹으면 간식 없다고 했어!"

"다음 식사 때까지 아무것도 줄 수 없어!"

아이는 울면서 "엄마, 죄송해요. 한 번만요, 한 번만요."를 계속 되풀이한다.

나도 육아서나 육아 관련 TV 프로그램에서 전문가가 이야기하는 대로 해보았다. 그런데 현실 육아는 어디로 튈지 모른다. 책처럼 안 되는 것이다. 회유와 협박이 난무하고 규칙과 원칙이 필요 없는 전쟁터나 다름없다. 내 마음 속은 분노와 죄책감이 온탕과 냉탕을 오가는 것처럼 왔다 갔다 했다.

아이는 아직 미성숙한 존재이기 때문에 부모는 아이를 기다려주고 이해하고 배려하여야 한다. 그래야 아이도 부모의 사랑 안에서 심리적으로 안정되고 부모를 믿고 편안하게 자랄 수 있을 것이다. 이런 것들은 충분히 머리로는 이해한다. 하지만 여러 번 반복되는 상황이 나를 힘들게 했다. 결국 나를 악마 엄마로 변하게 했다. 아이가 잠들 때 고해성사라도 하듯 아이의 얼굴을 바라보며 "아가, 엄마가 미안해, 엄마가 너무했지? 다음부터는 안 그럴게." 하며 사과를 한다.

시도 때도 없이 올라오는 욱하는 감정을 가끔은 마구 표출하고 싶어진다. 나 이렇게 힘들고 답답하다고! 하지만 그런 거친 행동이 누구에게 이득이 될까? 이내 폭발해버린 내 자신의 행동에 스스로 실망해서 자책하게 된다. 나는 이런 모습이 변해야 한다고 생각했다. 내가 불편한 감정을 토해내는 이유는 누군가에게 나의 마음을 알아 달라는 신호였던 것이다. 누군가에게 나를 알아달라고 하기 전에 내가 내 감정을 먼저 알아차리고 나를 위로해주어야 한다는 것을 깨달았다. 스스로에게 "현주야, 지금 힘들어? 많이 지쳤지? 잘하고 있어! 앞으로도 잘 해낼 거야."라고 이야기해준다면 상처받은 감정을 회복하고 인생을 좀 더 행복하게 살 수 있을 것이다. 나는 요즘 나에게 용기를 주는 말을 일부러 많이 해준다.

"나는 잘하고 있다."

"이 정도만 해도 잘하는 거지!"

"나 같은 엄마가 어디 있어?"

"나 같은 아내가 또 있을까?"

나는 왜 사소한 말에도 쉽게 상처받을까?

　사람들은 자기가 내뱉은 말이 상대방에게 어떻게 상처가 되는지 모르는 경우가 많다. 굉장히 털털하고 외향적인 사람이 평상시에 사용하는 단어와 말투는 조심성 있고 내향적인 사람에게는 상처가 될 수도 있는 것이다.

　내가 초등학교 2학년 때였다. 학교를 마치고 통학차량을 타고 출발하기를 기다리고 있었다. 그때 나는 학원에서 운영하는 봉고차를 타고 학교를 다녔다. 나는 봉고차 2열에 앉아 있었다. 같은 학교 남자 친구들 여러 명이 함께 차에 타고 있었다. 남자아이들은 자기들끼리 장난을 치고 놀고 있었다. 그중 한 아이가 나에게 말을 걸었던 모양이다. 나는 그 친구가 하는 이야기를 듣지 못했다. 그래서 당연히 대답을 하지 않았다. 그런데 가만히 있던 나에게 어떤 아이가 "쟤 말 못 해~~." 이러는 것이다.

평상시 나는 조용한 성격이었다. 수줍음도 많았고 특히 남자아이들 하고는 잘 어울리지 않았다. 봉고차를 같이 타고 다녔지만 그 애들은 나와 같은 반 친구들도 아니었다. 그래서 그 애들과는 어울리지 않았다. 학교를 오가는 동안은 그 친구들과 이야기할 일이 없었던 것이다. 그런 내 모습을 보고 짓궂은 남자아이들은 내가 말을 못 한다고 이야기한 것이다.

그런데 이런 말은 어찌 보면 아무렇지 않게 그냥 흘려들어도 되는 말이었다. 그 말을 듣고 기분이 나빴다면 "야! 나 말 못 하는 거 아니거든!!" 이라고 쏘아 붙여주면 그만인 것이었다. 하지만 그 당시 나는 한 귀로 듣고 한 귀로 흘려버리지 못했다. 당차게 그 친구에게 아니라고 말도 못 했다. 그저 속으로 '나 말 못 하는 거 아닌데.'라고 혼잣말을 할 뿐이었다.

나는 평상시 학교에서도 조용하고 소극적인 모습의 학생이었다. 2학년 학기 초에 부모 상담을 했을 때 담임선생님은 우리 어머니에게 "현주가 수업시간에 발표할 때 목소리가 조금 작습니다. 웅변학원을 다니면 자신감을 갖는데 도움이 될 것 같습니다."라고 하셨다. 우리 엄마는 소중한 딸이 걱정되어 그날로 웅변학원을 등록시켜주셨다. 나는 내가 왜 웅변학원을 다니는지 그 이유를 알고 있었다. 내가 원했던 학원도 아니고 선생님의 추천으로 학원을 다니는 것이 마음에 내키지는 않았다. 물론 웅변학원을 다니며 긍정적인 부분도 있었다. 웅변대회에 나가 수상을 할 정도로 목소리는 씩씩해졌다. 그렇다고 나의 기질이 바뀌지는 않았다.

목소리가 작다는 담임선생님의 말씀과 또래 친구가 장난처럼 이야기한 "쟤는 말 못 해."라는 표현은 나의 자존감에 큰 상처를 주었던 것이다. 어떤 이에게는 아무렇지 않게 넘길 이야기였겠지만 말이다.

맞벌이하시느라 바쁘신 부모님은 주말이면 꼭 딸들을 데리고 외식을 하거나 쇼핑을 다녔다. 부모님은 평일에 우리와 함께하는 시간이 부족했다. 그래서 주말만큼은 주중에 가족과 함께하지 못한 미안함 때문에 우리와 많은 시간을 함께하려고 노력하셨다.

여느 때처럼 엄마가 쉬는 일요일에 일찍 성당에 다녀왔다. 점심을 먹고 겨울옷을 사러 시장에 갔다. 우리 엄마는 딸들이 예쁘게 하고 다니는 것을 좋아하셨다. 우리에게 계절마다 옷을 꼭 사주셨다. 우리는 겨울에 입을 예쁘고 따뜻한 옷을 고르느라 분주했다. 매장 직원도 이 옷 저 옷 계속해서 권했다. 나는 외투도 입어보고 바지도 입어보며 나에게 어울리는 옷을 고르고 있었다.

그런데 직원이 "어머니, 이건 어때요?"라며 목을 따뜻하게 감싸주는 티셔츠를 추천해주었다. 어머니는 직원이 추천해준 티셔츠를 보면서 "얘는 목이 짧아서 이런 거 안 어울려요."라고 이야기하셨다. 나는 엄마의 이야기를 듣고 괜히 기분이 안 좋았다. 그 이후로는 옷을 고르기가 싫었다. 엄마의 말 한마디로 즐거웠던 쇼핑이 갑자기 흥미가 떨어진 것이다. 그날 산 옷은 다 엄마가 골라준 옷이었다.

엄마는 왜 그런 말을 했을까? 엄마는 나쁜 의도가 전혀 없었다. 엄마는 딸의 신체적 특성을 누구보다 잘 알고 계셨다. 단지 딸에게 어울리는 예쁜 옷을 고르기 위해서였다. 지금은 엄마의 마음을 누구보다도 더 잘 이해한다. 하지만 당시의 나는 엄마가 했던 말 때문에 매우 속상했다. 나는 평상시에 목이 짧다고 생각하지 않았다. 하지만 엄마의 말을 듣고 '내가 목이 짧은가?' 하고 생각하게 되었다. 나는 아직도 그때의 기억이 남아 있다. 성인이 되어 엄마랑 가끔 어린 시절 이야기를 한다. 지금은 아무렇지 않게 "엄마가 나랑 옷 사러 가서 직원한테 나 목 짧다고 이야기 했잖아~!!"라고 말한다. 그러면 엄마는 "얘는 내가 언제 그런 이야기를 했어~~? 그리고 네가 뭐가 목이 짧니!!"라고 하신다. 엄마는 생각도 나지 않은 기억을 나는 생생하게 기억하고 있다.

이제 나는 성인이 되었다. 나에게 엄마가 "너 살쪘지? 우리 집 애들은 관리해야 해."라든가, "그 옷은 너랑 안 어울린다."라는 표현에 더 이상 상처받지 않는다. 딸들을 향한 엄마의 애정과 사랑이라고 생각하기 때문이다. 표현의 과함과 약함의 차이일 뿐이다. 표현 자체가 상대에게 상처 주기 위함이 아니라는 것을 누구보다도 잘 알고 있기 때문이다. 이제는 나도 엄마에게 "엄마도 살쪘네!"라고 맞받아치면서 서로를 한 번 더 살펴봐준다. 그리고 한바탕 웃고 넘어가면 그만인 것이다. 사소한 말에 상처받지 않으면서 말이다.

나는 졸업 후 전공 관련 일보다는 공무원이 되고 싶어서 2년간 공무원 준비를 하며 보냈다. 연이은 불합격에 '내년에는 더 열심히 준비해야지.'라고 마음먹은 지 하루도 안 돼서 대학 동기에게 연락이 왔다. 본인이 내년에 다른 일을 할 계획이라 지금 직장을 그만두어야 하는데 자기 자리에서 일해보는 게 어떠냐는 것이었다. 새로운 다짐을 한 지 며칠 안 된 상황에서 이런 제안을 받고는 약간 고민이 되었다. 그러나 고민의 시간은 짧았다. 바로 일을 하기로 결정하고 동기에게 전화를 했다. 센터장님과 면접을 봐야 하니 다시 연락을 준다고 했다.

며칠 뒤 센터장님과 면접을 봤다. 열심히 해보겠다고 말씀을 드리고 집으로 돌아갔다. 센터장님은 함께 일했으면 좋겠다고 말씀하셨다. 그렇게 나의 첫 직장 생활이 시작되었다.

2007년 나의 첫 사회생활이다. 대학 졸업 후 공무원 준비로 전공 관련 지식을 많이 잊어버린 상태에서 취업을 하니 무척 떨리고 긴장되었다. 출근 첫날은 하루 종일 무슨 정신으로 보냈는지 모르게 시간이 지나갔다. 한 달, 두 달 그렇게 나는 하루하루 직장에 적응해갔다.

직장은 치매, 뇌졸중 어르신들을 모시는 지역사회재활센터였다. 나는 거기서 팀장이었다. 사업계획, 시행, 어르신 및 직원들 관리 등 센터의 전반적인 운영과 관리를 도맡아 했다. 매일, 매월, 매년 보고서와 계획서를 쓰고 센터장님께 보고를 하면 피드백을 받았다. 센터장님은 상근직이 아니셨기 때문에 거의 유선상의 보고가 많았다. 난 센터장님과 전화하는 게 세상에서 제일 힘들었다. 특히 이전 팀장이 너무 일을 잘 했다는 이야기를 들어서인지 상대적으로 많이 위축되었다.

첫 직장 생활이었고 직장 생활을 어떻게 하는지도 잘 몰랐기 때문에 몸으로 부딪히며 배워야 했다. 보고서 쓰는 방법, 직원들 대하는 방법, 어르신들을 위한 프로그램 운영 등 세세한 것 하나하나를 다 센터장님께 보고해야 했다. 하나라도 빠트리면 불호령이 떨어졌다.

나는 센터장님의 스타일을 잘 알고 있어서 전화할 때마다 두근두근했다. 센터에 전화벨이 울릴 때에도 '센터장님인가?' 하고 심장이 마구 뛰었다. 그날도 나는 센터장님께 보고하기 위해 전화를 했다. 수화기 너머 연결 신호가 들리자 '오늘은 별일 없이 넘어가야 할 텐데…….'라는 생각이 먼저 들었다.

우리 센터는 차량 운행을 해서 어르신들을 집으로 모시러 갔다가 낮 동안 활동을 한 후 3시 30분경에 집으로 돌아가는 시스템이었다. 심하게 눈이 오거나 비가 오면 안전상의 문제로 어르신들을 센터에 모시지 않았다.

출근길에 눈이 내리기 시작했다. 내가 센터에 도착할 때까지도 눈은 계속 내렸다. 오늘 센터 운영을 할지 휴원을 할지 결정하는 게 무척 고민되는 상황이었다. 직원들과 회의를 하고 최종적으로 센터장님께 전화를 했다. "센터장님, 지금 눈이 내리고 있습니다. 오늘 어르신들을 모셔야 할까요?" 말하는 내내 무척 긴장이 되었다. "김 팀장! 거기 눈이 많이 내렸어? 어르신들 모시러 가기 힘들 것 같아?", "많이 쌓인 정도는 아닌데 그래도 눈길이 위험하지 않을까요?"라고 이야기했다. 센터장님은 "아니 그러니깐 어떻게 하면 좋겠어?" 나에게 또 물어보신다. 나는 "글쎄요."라며 얼버무렸다. "김 팀장 답답하네. 안전이 제일이니깐 오늘은 어르신들 모시지 말고 직원들이랑 센터 환경 정비하고 있어!", "네." 그렇게 통화는 끝났다.

나는 센터장님께 자주 답답하다는 말을 들었다. 성격이 불같으신 센터장님은 나의 일처리가 맘에 안 들면 주변에 누가 있든 말든 고려하지 않고 화를 내셨다. 답답하다는 말은 내가 제일 많이 듣는 말 중 하나였다. 당연히 신규 직원의 일처리가 마음에 들지 않으셨을 거다. 하지만 이 한 단어는 나의 마음속에 깊이 박혀버렸다. 항상 어떻게 하면 칭찬 받을 수 있을까를 고민하게 했다. 내 자신이 점점 작아지는 것 같았다.

우리는 상대방이 하는 아무렇지 않은 표현에도 상처를 받고 속상해하는 경우가 종종 있다. 일부러 상대를 상처받게 할 의도로 화를 내거나 큰소리로 윽박지르는 것이 아니어도 말이다. 나는 내가 단단하지 못해서 상처받는다고 생각했다. 나를 위로해주고 아껴주기보다 나를 탓하기 바빴다. 나를 탓하기 전에 내 마음을 한 번 더 보살펴야 했다. 나를 탓하지 말자. 나를 더 아껴주자.

난 왜 별거 아닌 일에 힘들어할까?

사람들은 인생을 살면서 무슨 일 때문에 힘들어할까? 계속되는 취업 실패, 사업 부도, 경제적 어려움, 직장에서의 해고, 지인의 죽음 등 다양한 이유로 힘들어한다. 그러나 이런 큰 사건 사고뿐만 아니라 생활 속에서 반복되는 사소한 일, 별거 아닌 일, 제 3자의 입장에서 생각해보면 '그만한 일로 화가 날까?'라고 말할 수 있을 정도의 아주 별거 아닌 일로 힘들어하는 경우도 있을 것이다. 나 역시 그랬다.

우리 남편은 엄청 꼼꼼하고 매사 세심하다. 물건 하나를 사더라도 오프라인 매장, 네이버, 다나와, 에누리 가격 비교를 한 후 각종 카드 할인, 통신사 할인을 꼼꼼히 따져본다. 최적의 가격을 찾아 결제를 한다. 무척이나 알뜰한 편이다. 나도 최대한 따라 하려고 하지만 남편을 따라가기가 쉽지 않다.

어느 날 나는 나이키 운동화를 사고 싶어서 남편에게 모델명을 알려주고 구매해 달라고 하였다. 며칠 뒤 남편은 운동화를 샀다. 가격을 듣고 깜짝 놀랐다!! 절로 "대박!"이라는 말이 나왔다. 100원을 결제하고 샀단다. 10만 원이 넘는 운동화를 100원에 사다니……. 대단했다. 물론 그동안 모아놓은 각종 포인트며 오케이 캐쉬백 점수 등등을 모두 사용했다고 하지만 실제 카드 결제 금액은 100원이었던 것이다. 그런데 이런 일은 비일비재했다. 남편은 물건을 살 때 제값을 다 주고 산 적이 거의 없다. 물론 다른 사람들도 구매를 할 때 다양한 할인 혜택을 챙기면서 최대한 저렴한 가격에 물건을 산다.

남편은 주유를 할 때도 '오피넷'이라는 주유소 가격 비교 앱을 통해 가장 저렴한 주유소를 찾아서 주유를 한다. 보통은 집 근처 주유소는 정해 두고 다니는 편이다. 나에게도 어디 주유소를 가라고 알려준다. 내가 차를 끌고 다니는 반경이 크지 않아 정해진 주유소에 가는 것이 크게 문제는 아니었다.

그날은 주유 계기판 바늘이 마지막 한 칸을 가리키고 있었다. 지인의 집에 방문하기로 한 날이었다. 나는 외출하는 길에 근처 주유소에서 주유를 하려고 했다. 그런데 남편은 이따가 집에 오면 본인이 주유소에 갔다 오겠다고 하는 것이다. 나는 기름도 얼마 안 남아 불안하고 가는 길에 넣겠다고 했는데 남편은 그 정도 기름이면 충분히 갔다 올 수 있다면서 본인이 넣겠다는 것이다. 난 기름이 얼마 남지 않아 불안한 마음과 주유소 하나도 내 마음대로 못 가나 하는 두 가지 생각이 들면서 불편한 감정이 생겼다. 내 얼굴 표정과 말투는 벌써 짜증난 기색이 역력했다. 남편도 기분 나빴는지, "챙겨줘도 만날 불만이야!"라며 차문을 닫고 집으로 들어가버렸다.

둘 다 기분이 상한 것이다. 남편은 나를 알뜰살뜰 챙겨주려는 본인의 마음을 몰라준 것이 서운해서 기분이 나쁘고, 나는 내가 어린애도 아니고 알아서 할 수 있는 일을 일일이 간섭하는 것 같아서 기분이 나빴다. 각자의 의견이 우선이라고 생각해서 생긴 일이었다. 누구 하나 자기 의견을 굽히지 않았기 때문이었다.

결혼 후 둘만 살다가 아이가 태어나면서부터는 육아와 살림을 병행하면서 열심히 살았다. 나는 성격상 정리 정돈이 안 되면 스트레스를 받는 타입이다. 주방. 안방, 거실, 아이 방, 드레스 룸, 화장실, 다용도실 모두 나름 깔끔하게 정리해놓는 편이다. 가끔 지인이 우리 집에 놀러오면 아이 있는 집 같지 않다며 놀라곤 한다.

그러나 아이가 있는 집은 다 공감할 것이다. 치우고 돌아서면 어지르고 또 치우고 나면 어지르고, 무한궤도에 빠진 듯 매일매일 반복이다. 하루 종일 아이와 지내다 보면 특별히 한 일이 없는 것 같은데도 아이를 재우다가 나도 모르게 아이와 함께 잠들어버리곤 한다. 자다가 깜짝 놀라 일어나면 벌써 아침이다. 너무 허무하다.

나는 아이를 재우고 나면 책도 좀 읽고 밀린 집안일도 마무리한 후, 잠자리에 들 계획이었는데 아무것도 못 하고 잠들어버린 것이다. 일어나 거실에 나가보면 아이가 '아기돼지 삼형제 놀이'를 한다며 꺼내놓은 각종 쿠션, 베개, 이불, 인형들이 잔뜩 있다. 또 건조기에서 꺼내놓은 산더미 같은 빨래, 저녁 먹고 쌓아놓은 그릇들까지 눈앞이 캄캄하다. 아이 등원 준비도 해야 하는데 '이걸 언제 다 치우나.' 하고 숨이 턱 막힌다. 한편으론 '남편은 이 난장판이 눈에 안 보였나? 어떻게 하나도 안 치울 수 있을까?' 하고 울화가 치밀었다.

내 일을 마무리 못 했던 것이라고 생각하면 편할 일이었다. 그러나 아이 돌보느라 지쳐 잠든 아내를 위해 집안일을 조금도 도와주지 않았다고 생각하니 남편에게 더 화가 났다. 결국 정리를 하면서도 좋은 마음이 아니니 괜히 혼자 툴툴거리게 된다. 그럴수록 나만 더 힘들어졌다.

딸아이는 엄마 껌딱지다. 무슨 일이든 엄마랑 함께 하려고 한다. 마트에 가서 카트에 앉혀주면 엄마가 꼭 카트를 밀어야 한다. 아빠가 밀려면 "엄마가 밀어~!!"라고 한다. 샤워도 엄마랑 하고 밥 먹을 때도 엄마가 옆에 앉아야 하고 잠자리 책 읽기도 엄마하고만 해야 한다. 눈떠서 잠 잘 때까지 모든 활동을 나와 하고 싶어 했다. 엉덩이 붙이고 커피 한잔 편하게 마실 틈이 없었다.

그날은 친정 모임이 있어서 친정에 갔다. 친정에 가면 외할머니, 이모가 딸아이를 많이 챙겨주었다. 그래서 집에서 육아할 때보다는 좀 편안했다. 다 같이 식사를 하는데 딸아이는 본인 옆에 내가 앉아야 한다고 했다. 아이 옆에 딱 붙어 앉아서 밥을 챙겨 먹이고 '이제 나도 밥 좀 먹어볼까.' 하고 한술을 떴다. 아이는 나에게 "엄마~~ 쉬쉬쉬!!!"라고 하는 것이다. 처음에는 "채원아, 화장실 가서 쉬하고 엄마 불러~."라고 이야기했다. 그래도 아이는 "엄마랑 같이!!"라며 내 손을 잡아끌고 화장실로 데리고 간다. 아이와 화장실에 가는 그 짧은 순간에 내 머릿속은 오만가지 생각이 스쳐 지나간다. '얘는 왜 나한테만 같이 가자고 할까? 남편은 애가 쉬하러 가자고 하는 이야기 다 들었을 텐데 어쩜 저렇게 가만히 있을까?' 하며 마음속에서 괜한 심술이 가득 차올랐다.

아이와 함께 화장실에 다녀오고 나는 식사를 마저 했다. 친정집에 갔어도 아이 돌보느라 밥을 코로 먹는지 입으로 먹는지 모르게 허겁지겁 먹었다. 아이를 키우는 일이 쉽지 않다. 하지만 이렇게 별일 아닌 일에 욱하고 올라오는 감정을 조절하지 못하는 내 모습을 마주하면 '내가 엄마 자격이 있는 건가.'라는 생각이 들곤 하였다.

아이는 엄마가 제일 편안해서 화장실 가는 일을 엄마랑 하고 싶었던 마음뿐이었을 것이다. 그 이상도 그 이하도 아니다. 엄마를 골탕 먹이려 거나 귀찮게 하기 위해 일부러 엄마를 데리고 간 것은 아니다. 당연한 일 이다. 그런데 나는 아이가 이제 좀 컸으니 혼자 알아서 했으면 했다. 내 마음속에서 아이가 계속해서 나에게 요구하는 것들이 귀찮게 느껴졌던 것이다. 아이는 세상에서 가장 편안하고 안전한 존재인 엄마에게 이야기 한 것뿐인데 못난 엄마는 아이의 간단한 요구조차도 힘들어했다.

나는 별일 아닌 것에 내 감정을 소비했다. 나를 위한 남편의 배려를 진 심으로 고맙게 생각하고 그래도 불편한 부분은 적절한 대화로 이야기했 다면 더 좋았겠다. 쌓여 있는 집안일도 '천천히 하면 되지!'라고 느긋하게 생각하면 되었다. 엄마 껌딱지인 아이를 볼 때도 '이런 시기도 이제 얼마 안 남았네.' 하며 물 흐르듯 편하게 생각하면 될 일이었다. 당시 나는 순 간 억울하거나 속상한 감정들 때문에 소중한 나의 가족들에게 불편한 기 색을 내비쳤다.

법륜 스님은 이렇게 말씀하신다. "우리는 자기감정을 절대적인 것처럼 생각하지만, 실제로 감정이란 습관에 의해 형성된 결과물일 뿐이에요. 결국 습관이 나를 이끌고 가는 거나 다름없어요. 습관이 우리의 운명을 결정짓는 겁니다." 별거 아닌 일에 내 감정이 부정적이게 된 것은 평상시의 나의 감정 습관 때문이었다. 별거 아닌 일은 가볍게 생각하고 긍정적으로 생각하는 습관이 있었다면 자연스럽게 넘길 수 있었을 것이다. 이제 나는 행복과 감사가 넘치는 멋진 인생을 위해 감정 표현도 신중하게 하려고 한다. 투명한 물에 검정색 물감이 한 방울 떨어지면 물은 순식간에 흐려지고 만다. 내 마음의 상태도 마찬가지다. 부정의 감정이 한 방울 떨어지면 나의 마음은 금방 부정의 상태로 변하게 되는 것이다.

착한 척, 괜찮은 척하지 않기

착한 여자 콤플렉스라는 말을 들어본 적 있는가?

위키백과에서 정의한 내용을 살펴보면 착한 아이 콤플렉스(영어: good boy syndrome)는 타인으로부터 착한 아이라는 반응을 듣기 위해 내면의 욕구나 소망을 억압하는 말과 행동을 반복하는 심리적 콤플렉스를 뜻한다. 이러한 형태는 유기공포(fear of abandonment)를 자극하는 환경에 적응하기 위해 어린이의 기본적 욕구인 유아적 의존욕구를 거부하고 억압하는 방어기제로 탄생한다.

이것이 바르게 해결되지 않아 그대로 성장하게 된 어른에게는 '착한

아이' 대신 '착한 여자, 착한 남자, 좋은 사람' 등으로 바꿔 부르기도 한다.(출처: 위키백과)

나는 2016년 12월 아이를 출산하였다. 아이를 낳으면 사랑과 정성을 듬뿍 담아 키우자고 결심했다. 아이가 태어난 후 조그마한 어린 생명이 우리에게 왔다는 생각에 매일매일이 감동이었다. 아이는 순한 편이었다. 조리원을 나오고 집에 온 지 4일 만에 5시간 통잠을 잤다. 신생아가 이렇게 오랫동안 먹지도 않고 자도 되는 건지 걱정이 되었다. 그래서 조리원에 전화해서 물어볼 정도였다. 아이는 잘 잤지만 나는 편히 잘 수 없었다. 2시간마다 일어나서 유축도 해야 하고 중간중간 아이가 잘 자는지 불편한 건 없는지 체크하느라 시간마다 깼다. 아이는 다행히 아픈 곳 없이 잘 자랐다.

그런데 나는 아이를 출산할 때 허리 통증으로 엄청나게 고생을 했었다. 그 통증이 1년이 지나도 없어지지 않는 것이다. 또 자고 일어나면 발이 퉁퉁 부었다. 침대에서 내려와 발바닥이 바닥에 닿으면 찌릿한 통증이 계속되었다. '금방 괜찮아지겠지.' 하며 지나간 시간이 1년이 넘었다. 먼저 출산한 친구들에게 물어보니 족저근막염인 것 같다고 했다. 본인도 그랬다면서. 그런데 몇 달이면 좋아지는데 1년씩이나 지속되는 건 심하다고 했다. 친구의 이야기를 듣고도 출산하면 다 그런가 보다 하며 대수

롭지 않게 여기고 지나갔다. 병원에 가보지 않았던 것이다. 다행히 1년이 지나 발의 통증은 자연스럽게 서서히 좋아졌다.

그런데 집안일을 하다 보니 손가락과 손목이 아팠다. 아이 젖병 닦고 남편과 내가 먹은 설거지 등을 하면서 아가씨 때보다는 당연히 손을 사용하는 횟수가 많아졌다. 그러다 보니 손목과 손가락에 무리가 갔다. 몇 달을 버티다 더 이상 안 될 것 같아서 검사를 했다. 다행히 류마티스 관절염은 아니지만 관절이 매우 약하다고 했다. 허리랑 목도 좋지 않았다. 이참에 치료를 받아야겠다고 남편과 상의하고 치료를 시작했다. 도수치료를 하면 치료 당시는 개운한 느낌이 들고 좋았다. 그런데 비싼 비용의 도수치료를 자주 받기에는 경제적으로도 부담스러웠다. 물론 실비보험이 적용되어 대부분의 금액을 환급받았지만 그마저도 신경이 쓰였다. 이래저래 병원을 몇 달 다니다가 그만 다녔다. 남편에게는 이제 괜찮아져서 병원은 안 다녀도 된다고 이야기했다. 나는 '집에서 관리하면 되겠지.'라고 생각했다.

한 친구는 나에게 몸을 아끼라며 엄청나게 잔소리를 한다. 자기는 절대로 무거운 것은 들지 않는다면서 나한테도 요령껏 살라며 충고를 했었다. 어느 날 친구 집에 방문을 했다. 문 앞에 생수 택배가 있는 것이다. 내가 집에 들어가면서 "택배 왔네. 안 가지고 들어가?"라고 하자 친구는

"이따 남편이 가지고 들어 올 거야."라고 하는 것이다. 나는 "아니, 이거 얼마나 무겁다고 남편 시켜? 네가 가지고 들어가지."라고 하니 "야, 오늘 너 때문에 내가 가지고 들어간다. 나 이런 거 절대 안 해~."라고 하는 것이다. 친구의 말을 듣고 깜짝 놀랐다.

난 그동안 남편 없을 때 생수 택배가 오면 당연히 내가 옮겼었는데 친구는 할 수 있지만 일부러 안 한다는 것이다. 내 몸을 아끼고, 나는 무거운 것은 못 드는 사람이라고 남편에게 인식시키기 위함이란다. 그래서 결혼 10년 차인 지금까지도 친구 남편은 내 친구가 무거운 것을 전혀 못 드는 사람인 줄 안단다. 우리 남편은 내가 자기보다 힘이 센 줄 알고 있는데. 여우같이 행동하는 친구가 너무 부러웠다. 난 여우와는 완전히 거리가 먼 곰탱이였다.

지인들과의 약속이 생기면 장소를 어디로 정할까 고민한다. 대부분 두 사람이 있는 곳의 중간 정도 지점에서 약속장소를 정한다. 그렇게 정하면 누구하나 불편하지 않고 손해 보는 느낌도 없다. 나는 지인과 약속 장소를 정할 때 "어디가 좋겠어? 너 편한 대로 해. 내가 너희 집 쪽으로 갈까?"라고 말한다. 물론 친구네 집 근처에 괜찮은 음식점도 많고 카페도 많이 있기 때문이기도 했다. 그러나 가장 큰 이유는 이렇게 하는 것이 나는 편하다. 내가 움직이는 것이 더 편했다.

하루는 친구가 바람도 쐴 겸 외곽으로 나갔으면 좋겠다는 것이다. 오랜만에 콧바람도 쐴 겸 멀리 나가는 것도 좋다고 생각했다. 어디로 갈까 여기저기 이야기하다가 서울에 가기로 했다. 그곳까지 가려면 당연히 차를 가지고 가야 했다. 친구는 내 차를 타고 가자는 것이다. 친구도 차가 있었다. 그런데 누구의 차로 갈까를 정하지 않고 내 차로 가자고 하니 처음에는 '오늘도 또 내 차로 가야 되나?' 하고 약간 서운한 마음이 들었다. 하지만 이내 '그래, 친구보다는 내가 운전 경력이 더 많으니깐 편하게 내 차 타고 가지 뭐!' 이렇게 생각을 바꾸었다.

오랜만의 나들이에 기분이 좋았다. 차를 가지고 먼 곳까지 나오니 기분 전환도 되고 생동감마저 들었다. 간단히 식사를 하고 차도 마시고 산책도 하며 즐거운 데이트를 마치고 친구네 집에 도착했다. 친구와는 다음에 또 보자는 인사를 하고 헤어졌다.

나는 지인들과 만날 때면 상대가 오기 편한 장소로 약속을 하는 편이다. 내가 지인이 있는 쪽으로 움직이는 게 싫지 않았다. 그런데 가끔 이런 배려를 당연하게 생각하며 무조건 본인의 집과 가까운 곳으로 장소를 잡는 경우도 있었다. 이런 때 나는 괜히 싫은 소리를 하면 나쁘게 보일까 걱정되어 상대방의 의견을 따르곤 했었다.

남편과 나는 연애 시절부터 부동산에 관심이 많았다. 데이트 코스로 모델하우스를 보러 다니고 부동산에도 자주 가서 좋은 매물이 있나 살펴보기도 했었다. 결혼 후 2018년 겨울쯤에 남편은 주변 시세보다 저렴하게 공매로 나온 물건이 있다고 이야기했다. 연식은 좀 되었지만 주변 인프라도 좋고 고속도로도 뚫리니 호재가 있다면서, 우리가 혼자 하기에는 부담되니 친정 식구들이랑 같이 해보는 어떠냐고 했다. 부모님과 상의 후 공매를 넣기로 했다. 나와 남편, 친정 식구들 이름까지 넣었다.

그런데 친정 식구 이름으로 당첨이 되었다. 물론 당첨을 기대했지만 막상 당첨이 되고 나니 걱정이 앞섰다. 잔금은 어떻게 치러야 할지, 부동산 경기가 이렇게 안 좋은데 아파트 값이 오를까 걱정도 되었다. 2018년은 부동산 경기가 매우 안 좋았다. 그리고 주변에는 신축 아파트가 내년에 입주 예정이어서 우리가 낙찰 받은 아파트는 상대적으로 인기가 없었다. 시기가 좋지 않았다.

일단 부모님, 남편과 함께 집을 보러갔다. 텅 빈 집은 그야말로 가관이었다. 손보지 않으면 절대로 사람이 살 수 없는 상태였다. 남편은 간단히 인테리어를 하고 전세를 주면 된다고 했지만 부모님은 심각하게 걱정하셨다. 걱정은 꼬리에 꼬리를 물고 이어졌다. 남편과 나도 점점 심각해졌다. 우리 이름으로 당첨되었다면 그냥 밀어 붙였을 텐데 부모님과 함께 상의해야 하니 설득하고 이해시키고 하는 과정이 쉽지 않았다.

결국 더 이상 이 물건을 가지고 가는 것이 힘들 것 같다고 판단했다. 남편과 나는 부모님께 포기하겠다고 말씀드렸다. 엄마는 "왜 포기를 하냐. 같이 끝까지 가지고 가야지!"라고 하셨다. 하지만 우리 때문에 힘들어하시는 부모님을 보는 게 괴로웠다. 그래서 우리가 떠안기로 했다.

계약 확정을 해야 하는 날짜가 지나가자 LH에서 연락이 왔다. 낙찰 받으셨는데 왜 계약을 안 하시냐며? 우리가 포기하려고 한다고 했더니 계약금이 아까운데 왜 포기를 하시냐면서 계약 기한을 조금 늘려주시겠다고 했다. 그렇게 LH에서 2번 정도 연장을 해줬지만 결국에는 포기하고 말았다. 계약금은 우리가 부담하겠다고 부모님께 말씀 드렸다. 우리가 제안한 것이었으니 우리가 책임지는 것이 맞는 것 같았다.

순간의 선택이었다. 그 당시 상황을 긍정적으로만 생각했다면 더 없이 좋은 결과를 가졌을 것이다. 우리가 포기한 그 아파트는 많이 올랐다. 2019년부터 2020년 현재까지 부동산은 말도 못 하게 껑충 뛰었다. 최근 기사에 보면 전국에서 아파트 값이 가장 많이 오른 곳은 강동구라고 한다. 우리가 공매로 낙찰 받은 아파트가 있던 지역이다. 이런 기사를 보면 마음이 너무 씁쓸하다.

낙찰 받은 아파트를 포기하고 우리는 손해를 봤다. 온전히 우리가 부담하기로 했기 때문이다. 내가 이런 이야기를 책에 쓰는 이유는 누구를 원망하기 위함이 아니다. 그 당시 나는 가족들에게 부담을 주고 싶지 않았고 우리 때문에 힘들어하시는 부모님의 모습을 보는 게 괴로웠다. 그래서 당연히 우리가 제안한 것에 대한 책임을 지는 게 옳다고 생각했다.

나는 갈등 상황을 견디는 게 무척이나 힘들었다. 우리로 인해 감정이 격해지시는 부모님을 보는 것도 무척이나 괴로웠다. 부모님은 우리의 선택을 반대하셨지만 남편과 나는 더 이상 서로 불편한 것보다는 이 선택이 최선이라고 생각했다. 조금 더 생각을 했다면 더 훌륭한 방법을 생각해냈을 수도 있었을 것이다. 서로 불편한 말들을 하는 것보다는 우리의 선택이 더 낫다고 생각했다.

06

혼자 상처받는 일은 그만하자

인간은 사회적 동물이다. 사람들과의 관계로 인해 사랑, 감사, 행복, 불행, 상처, 슬픔 등 다양한 감정을 공유하며 살아간다. 대부분의 사람들은 가족, 친구, 직장 선후배, 동료들과 사회적 교류를 한다. 그 안에서 다양한 감정을 느끼게 되는 것이다.

내가 두 번째 직장에 첫 출근을 하는 날이었다. 전국에서 가장 큰 종합복지관이었다. 집에서도 가깝고 경력도 인정받아 호봉도 높았다. 직업의 특성상 여자 직원들이 많았다. 나는 출근해서 바로 팀장님 사무실로 갔다. 간단한 인사 후 팀장님께 업무 설명을 들었다. 팀장님은 동료 직원들에게 나를 소개해주셨다. 우리 팀 팀원은 9명이었다. 이 중 나를 포함해 8명이 여자였다. 여초 직장이었다. 다들 복지관에서 일한 지 3~4년 이상은 되었다고 했다.

나는 출근 첫날의 첫인상이 썩 좋지 않았다. 내가 "반갑습니다. 앞으로 잘 지냈으면 좋겠습니다."라고 반갑게 인사를 했다. 하지만 동료들의 눈빛은 나를 반기는 것 같지 않았다. 왠지 모를 불편함이 느껴졌던 것이다.

나는 아이들을 치료하는 일을 했었다. 치료는 시간 단위로 이루어졌고 치료 시간 전후에 아이를 부모님께 데려다 주고 다른 아이를 치료실에 데리고 와야 했다. 이 시간에 동료들과 복도에서 마주치는 일들이 많았다. 그런데 내가 느끼기에 동료들은 왠지 나랑 마주칠 때만 유독 무표정하고 어색한 것 같았다. 첫 출근 때의 느낌이 안 좋아서였을까. 일주일, 열흘이 지났는데 진심으로 회사를 그만두고 싶었다. 하지만 대학 후배가 몇 주 후에 출근한다는 이야기를 듣게 되었다. 선배 된 입장에서 회사를 한 달도 못 다니고 그만두면 출근하기로 한 후배나 대학 선후배, 교수님들께도 피해가 갈까 걱정되어 그만두지 못했다. 곧 후배가 출근하면 서로 의지하며 지내면 된다고 좋게 생각했다.

후배가 출근하니 아군이 생긴 것 마냥 마음이 든든했다. 점심시간에 식사를 하고 시간이 남으면 후배랑 이런저런 이야기를 하며 즐거운 시간을 보내기도 했다. 후배가 오니 혼자일 때보다 훨씬 의지가 되었다. 하지만 동료 선생님들의 차가운 시선은 계속해서 이어졌다. 한번은 아침 출근시간에 내가 동료 선생님을 보고 반갑게 인사를 했다. 그런데 선생님은 모른 척하고 치료실로 들어가는 경우도 있었다. 또 복사를 하다가 A4용지가 떨어져서 동료 선생님께 "A4용지가 어디 있어요?"라고 물어봤는데 "여기 있잖아요!"라며 쌀쌀맞게 대답하고는 A4용지를 던져주고 간 동료도 있었다. 그렇다고 해서 나와 완전히 대화를 안 하는 것도 아니었다. 이런 동료들의 태도가 나는 너무 혼란스러웠다. '나를 미워하는 걸까? 나를 무시하는 걸까? 은근히 따돌리는 은따인가…….' 여러 가지 생각이 들었다. 후배도 이상하다고 했다. 근데 후배는 그들을 크게 신경 쓰지 않는 눈치였다.

그렇게 몇 달이 지나고 의지했던 후배는 큰 병원에 취업했다면서 갑자기 퇴사를 했다. 난 후배가 온다고 퇴사도 안 하고 버텼는데, 후배는 더 나은 조건의 직장으로 미련 없이 떠난 것이다. 후배는 현명한 선택을 한 것이고 나는 가장 중요한 내 마음의 소리보다 다른 사람의 시선을 신경 쓰느라 적절한 선택을 못했다. 용기 있게 퇴사를 결정한 후배가 부러웠다. 누구를 탓할 수도 없는 것이었다.

직장 생활은 재미가 없었다. 회사에서 같이 일하는 동료들과 마주치는 것도 무척이나 불편했다. 그들이 일부러 나를 싫어했는지 아닌지는 알 수 없었다. 하지만 그들의 행동 하나하나, 나를 바라보는 눈빛과 표정들은 첫 출근을 한 날부터 퇴사하는 날까지 만 2년 이상 나를 괴롭게 했다.

첫 직장에서의 센터장님은 내가 나온 대학의 교수님이셨다. 대학생 때 나의 담당 교수님이셨다. 회사에서의 모든 행동과 말이 조심스러웠고 센터장님의 언행 하나하나에 신경을 곤두세우곤 했다. 센터장님은 상근 직이 아니셨기 때문에 매일 뵙는 것은 아니었지만 자주 전화통화를 하였다. 또 불시에 센터를 방문하시기 때문에 항상 조마조마했다. 다른 센터에 센터장님이 오셨다는 소식을 들으면 '곧 우리 센터에도 오시겠구나.' 하고 마음의 준비를 하곤 했다.

그날도 센터장님이 불시에 오셨다. 다른 센터로부터 이야기 들은 게 없어서 무척이나 놀랐다. 일지를 작성하다가 말고 센터장님의 얼굴을 보자마자 몸이 굳는 것 같은 느낌이 들었다. 머릿속은 복잡했다. '센터는 깨끗한가? 오늘 프로그램 운영은 잘되었나? 중요하게 보고 드릴 일은 없나?' 등 여러 가지 생각이 떠올랐다. 반갑게 인사를 하고 차 한잔을 마시며 센터 운영에 관한 이야기를 했다. 다행히 그날은 별일 없이 지나가는 듯했다.

그런데 보고 과정에서 내가 실수한 것이 있었던 것이다. 센터장님은 직원들이 다 같이 있는 공간에서 "일을 그렇게 하냐? 생각이 있는 거냐? 선임은 일처리가 깔끔했다."라며 불같이 화를 내셨다. 나는 살아오면서 누군가에게 그렇게 혼나본 건 처음이었다. '내가 뭘 잘못했지? 내가 한 실수가 엄청나게 큰일인가?'라는 생각이 들었다. 직원들 앞에서 공개적으로 질책을 받자 나는 도로 한복판에 벌거벗은 채 서 있는 느낌이었다. 너무 수치스러웠다.

회사를 다니는 동안 일지, 보고서, 계획서 작성 및 매달 진행되는 월말 회의 스케줄 조절 및 자리 세팅까지 어느 것 하나 그냥 넘어가는 것이 없었다. 순간순간이 이렇게 하는 게 맞는 건가라는 생각이 머릿속에 계속 맴돌았다.

직장을 다닌 지 만 4년이 다 되어갔을 때 센터장님은 내게 회사를 계속 다닐 것이냐고 물어보았다. 본인이 다른 병원을 소개해주시겠다는 말씀도 하셨다. 이 말을 듣자 '나는 이제 직장을 그만 다녀야 하나?'라는 생각이 들었다. 그리고 2010년 12월 말에 나는 타의 반, 자의 반으로 만 4년 동안 일했던 첫 직장에 마침표를 찍었다. 동료들과의 즐거운 추억, 센터 어르신들과의 아름다운 기억을 뒤로하고 다른 직장으로 자리를 옮겼다. 첫 직장에서 호되게 배운 업무는 다른 직장에서 유용하게 사용할 수 있었다. 하지만 직장 생활에서 상사로부터 꾸지람 들었던 일들은 나에게 많은 상처가 되었다.

대학원 심리수업 과정에서 인생에서 가장 힘들었던 일을 발표하는 시간이 있었다. 그 당시 나는 직장과 관련된 이야기를 하다가 엄청나게 울었다. 나의 이야기를 듣던 교수님과 동기들은 무척 당황해하시며 눈물을 흘리는 나에게 휴지를 건네주었다. 20대 첫 직장 생활에서의 나의 경험은 감정적으로 연약한 내가 사회생활에 혹독하게 적응하는 과정이었다. 그 과정에서 슬픔, 분노, 수치, 우울함 등 다양한 감정을 느꼈다.

두 번째 직장에서의 일이다. 우리는 매주, 매달 채워야 하는 치료 스케줄이 있었다. 하루 7~8개, 일주일에 35~40개, 140~150개 정도의 치료를 해야 했다. 나는 인지치료를 했고 내 치료 스케줄은 꽉 차지 않았었다. 매달 실적 압박이 있었다. 어느 날은 팀장님의 호출이 있었다. "선생님, 한 달에 치료 몇 개씩 해요?" 나는 내가 실적을 다 못 채운 줄 알고 있었기 때문에 팀장님의 질문에 자신 있게 대답하지 못했다. "수업이 꽉 차지는 않았어요…….", "선생님! 선생님이 우리 팀에서 월급이 제일 많은 거 알죠? 나보다도 많아요. 그런데 일을 그만큼 하면 어떡해요?" 나는 깜짝 놀랐다. '아니 내가 월급이 우리 팀에서 제일 많아? 근데 내 월급을 팀장이 어떻게 알고 있는 거야?'

팀장님과의 대화에서 나는 여러 가지 생각이 들었다. 내가 실적을 못 채운 것은 나도 알고 있는 문제점이었기 때문에 할 말이 없었지만. 내 월급을 가지고 많다 적다를 논하며 비꼬는 듯한 말투와 태도가 무척이나 기분 나빴다. 또 지극히 사적인 정보인 내 월급을 팀장이 다 꿰고 있다고 생각하니 어이가 없었다. 그 뒤로도 팀장은 월급 이야기를 하며 나를 불편하게 했었다. 그러면 나는 소심한 마음에 용기 있게 반박도 못 했다. 속상하지만 고개 숙이고 팀장의 말을 듣고만 있었다.

직장 생활을 하면서 누구나 크고 작은 실패와 좌절이 있을 것이다. 나 역시 직장 생활을 통해 마음의 상처를 받았다. 힘든 일을 친구나 동료들과 이야기하며 스트레스를 풀기도 하고 다시 한 번 잘해보자며 심기일전하기도 했다. 그렇게 나는 조금씩 상처받은 마음의 근육을 천천히 단련시켰다.

나는 더 이상 다른 사람들의 말과 행동, 눈빛, 태도 때문에 수치심을 느끼거나 상처받지 않는다. 그들은 나에게 의도적으로 상처 주는 말과 행동을 했거나 생각 없이 뱉어버린 말일 수 있다. 내가 그것들을 어떻게 받아들이느냐가 중요하다. 상처로 받아들일지 아닐지는 온전히 나의 선택이다. 한 귀로 듣고 한 귀로 흘려도 된다는 것을 그때는 몰랐다.

나는 더 이상 타인 때문에 힘들어하지 않는다. 그들이 던진 화살로 인해 슬픈 감정의 구렁텅이에 빠져 나의 소중한 인생을 허비하지 않는다. 현재의 내 모습을 사랑하고 아끼기에도 시간은 너무 부족하다.

07

사랑에 굶주린 내면아이

"내 안에 있는 내면아이는 매 순간 존재를 인정받고 사랑받기를 원한
다."

– 마거릿 폴

우리 부모님은 아주 성실하시고 책임감이 강한 분들이다. 사회성도 좋
으셔서 어디를 가시든지 사람들이 좋아한다. 우리 아빠는 누구를 만나든
지 반갑게 인사하고, 말도 먼저 붙이신다. 그래서 직장에서도 항상 인기
가 많다. 현재는 정년퇴직을 하시고 아파트 경비를 하시는데 아파트 입

주민들께서 하루가 멀다 하고 떡, 우유, 아이스크림, 미숫가루, 쌀 등 종류도 다양하게 선물을 주신다. 아빠는 꼭 먹이를 날라주는 어미 새처럼 집에 빈손으로 들어오시는 날이 없다.

어린 시절 부모님이 맞벌이로 무척 바쁘셨다. 공부하라는 잔소리가 없었던 반면 칭찬도 특별히 많이 듣지 못했다. 부모님은 딸들에게 공부하라는 잔소리를 하지 않으셨다. 우리가 알아서 잘 하겠거니 믿어주셨던 것 같다. 그렇게 학창 시절을 보내고 성인이 되었다. 엄마는 어린 시절 우리에게 사랑 표현과 칭찬에 익숙하지 않으셨다. 그렇다고 우리를 사랑하지 않으셨다는 게 아니라는 것을 너무나도 잘 안다. 손녀가 태어나자 어릴 때 우리에게 사랑 표현을 많이 못 했다면서 "너는 딸에게 사랑한다는 말을 많이 해줘라."라고 하셨다. 경험에서 느끼셨던 것이다.

나는 엄마에게 칭찬을 많이 받아보지 못했다. 그래서 성인이 되어서도 엄마의 칭찬이 가끔 그리웠다. 내가 집 안 정리 정돈을 말끔하게 해놓으면 은근히 '엄마가 칭찬해주겠지.'라고 생각했다. 그러나 엄마는 "딸이 엄마를 위해 이것도 못 하니?" 하셨다. 내가 원하는 대답은 그게 아니었는데……. 내가 원하는 말은 "그래, 수고했다. 우리 딸! 역시 딸밖에 없네."라는 말이었다. 엄마와 나는 동상이몽이었다. 내가 원하는 것과 엄마가 표현하는 것이 달랐다.

엄마는 사랑 표현이 서툴렀고 다정한 말을 잘 못 하시는 성격이다. 그건 본인도 잘 알고 계신다. 그런데 나는 성인이 되어서도 엄마의 사랑 표현이 그리웠다. 결혼을 하니 더 크게 느껴졌다. 우리 시어머니는 항상 나에게 "공주~! 아기 키우느라 고생이 많지. 항상 공주가 채원이를 사랑으로 키워줘서 너무 고마워~."라고 하신다. 우리 엄마랑은 완전히 딴 세상 표현을 쓰신다. 나에게 매번 '공주'라고 해주신다. 우리 엄마는 "나는 그렇게 못 하는데?"라고 말하시며 "너의 시어머니는 대단하다"고 하신다.

대학생 때의 일이다. 친구와 25일간 유럽여행을 다녀왔다. 첫 해외여행이었고 그렇게 오랫동안 집을 떠난 적이 없었다. 친구와 나는 무사히 여행을 마치고 한국에 도착했다. 공항에서 리무진을 타고 수원에 도착했다. 버스에서 내리자 친구의 어머니는 내 친구를 와락 안아주시며 "우리 딸 잘 다녀왔어?"라고 물어보셨다. 친구와 부모님의 모습을 보고 조금 놀랐다. 나는 성인이 되어 부모님과 포옹한 기억이 없었기 때문이다. 그런데 친구는 무척이나 자연스러워 보였다. 하지만 나는 마중 나온 아빠와 간단히 인사를 한 후 차를 타고 집에 갔다.

짐을 풀고 친구와 전화를 했다. 집에 잘 들어갔는지 간단히 안부를 묻고 이야기를 나누었다. 친구는 집에 와보니 엄마가 자기 방에 풍선 장식을 해놓으셨다는 것이다. '우리 딸! 집에 온 것을 환영해.'라는 문구도 작성해서 달아놓으셨단다. 친구는 너무 기분이 좋았다고 했다. 완전 로맨

틱했다. 나는 '우와~ 저렇게 표현할 수 있는 거구나!'라는 생각이 들었다.

나는 결혼하고 아이를 낳고 부모님께 더 많이 사랑 표현을 하려고 노력한다. 한마디를 하더라도 긍정적으로 표현하고 엄마를 이해하려고 한다. 아이에게도 많은 표현을 해주려고 한다. 항상 '감사합니다, 사랑합니다, 축복합니다.'를 자기 전에 꼭 이야기해준다. 그러면 아이도 자연스레 나에게 똑같이 이야기를 해준다. 아이에게 이 3가지 말을 들으면 세상을 다가진 기분이다.

중학교 3학년 때의 일이다. 1학기 중간고사 시험을 치렀다. 시험이 끝나고 그다음 수업시간에 선생님은 내 이름을 호명하고는 자리에서 일어나라고 하셨다. 국어 과목을 백 점 맞았다고 칭찬해주신 것이었다. 그때는 운이 좋았는지 우리 반에서 백 점 맞은 사람은 한 명뿐이었다. 중학교에서 처음으로 백 점을 맞은 날이었다.

선생님은 굉장히 좋아하셨고 1년 내내 나를 무척 예뻐하셨다. 선생님은 나를 교무실로 불러서 국어 문제집을 여러 권 주시기도 했다. 그때 어떻게 해서 백 점을 맞았는지는 기억이 나지 않는다. 그러나 선생님께 칭찬받아서 기뻤던 추억이 아직까지 생생하게 떠오른다. 반 전체 아이들이 있는 다 있는 곳에서 공부로 칭찬받아 본 적은 그때가 처음이었다.

그 뒤 1학기 기말고사에서는 평균이 10점 이상 올랐다. 시험 결과가 나오고 이번엔 담임선생님께서 나를 아이들이 다 보는 교실에서 엄청나게 칭찬해주셨다. 자존감이 마구 올라가는 느낌이었다.

'내가 시험을 잘 보니 선생님들이 이렇게 칭찬해주시는구나.' 칭찬받으니깐 친구들도 부러워하는 것 같고 내 자신이 무척이나 우쭐해지는 느낌이 들었다. 나는 선생님의 칭찬에 하늘을 나는 듯했다. '이래서 공부 잘하는 아이들이 동기부여 되어서 더 열심히 공부하는구나.'라는 생각도 들었다.

학창 시절 들었던 칭찬은 내가 노력한 일에 대한 인정을 받은 것 같아서 무척이나 기뻤다. 중학생 때의 좋은 기억을 꼽아본다면 3학년 1학기 때가 딱 떠오른다. 반 1등, 전교 1등은 아니었지만 나에게는 1등을 한 것과 다름없는 추억이다. 20년이 훌쩍 지났지만 아직도 좋은 기억을 간직하고 있는 걸 보면 나는 인정과 칭찬에 목말라했던 것 같다.

성인이 되어 누군가에게 인정받는 일이 많지 않았다. 나는 4년 전부터 독서 모임을 하고 있다. 일주일에 한 번 모여서 각자 일주일 동안 읽은 책을 서로 공유하며 토론하는 시간을 갖는다. 다양한 분야의 책들을 읽고 자신의 생각을 이야기한다. 또 다른 사람들에게 내가 읽은 책을 추천해 줄 만한지 자체적으로 평가하는 시간도 가졌다.

처음 독서 모임에서는 건강 관련 책들을 읽었다. 그동안 몰랐던 건강 상식을 책을 통해 제대로 알게 되는 것이 유익했다. 또 결혼하고 육아하느라 육아서 이외에는 다른 분야의 책을 접할 일이 없었다. 하지만 일주일에 한 번씩 다른 사람들의 의견을 듣는 일도 정말 많은 도움이 되었다. 책을 리뷰하는 일은 오랜만에 사람들 앞에서 말해야 한다는 부담감이 있었다. 그러나 여러 번 경험해보니 발표가 자연스러워졌다.

그 당시 나는, 『더 해빙』이라는 책을 읽고 내용을 간단하게 리뷰했다. 나는 책의 내용대로 따라 했더니 이러이러한 점이 달라졌다고 경험한 이야기를 솔직하게 발표했다. 말하는 내내 발표라고 생각하니 매우 떨렸다.

리뷰를 마치고 나자 다들 너무 읽고 싶다고 했다. 어떤 책인지 너무 궁금하다는 것이었다. 그 당시 『더 해빙』은 출간된 지 얼마 되지 않은 책이었다. 그래서 사람들이 이 책을 잘 모를 때였다. 그 후 내 리뷰를 통해 독서 모임의 사람들이 거의 다 그 책을 읽었다. 그 뒤로도 주변 사람들 여러 명이 읽었다.

독서 모임은 성인이 되어서 한 첫 동호회 성격의 모임이었다. 이곳에서 사람들은 나에게 "현주 씨, 리뷰는 너무 재미있어요. 무대 체질인가 봐요?" 등 내가 생전 듣지 못한 칭찬을 해주셨다. 나는 이런 칭찬이 왠지 어색하고 입에 발린 소리처럼 들렸다. 그것은 내 자신이 나를 인정하고 있지 않았기 때문이다. 나는 스스로 발표는 잘 못하고 누구 앞에 나서는 것은 더 못한다고 생각하고 있었기 때문에 칭찬이 어색했다. 그런데 이런 상황이 여러 번 반복되자 '진짜 내가 잘하는 건가? 정말 소질이 있나?' 라는 생각이 들었다. 누군가에게 인정받는 것도 익숙하지 않으면 스스로 부정하게 되는 것 같다. 나를 인정해주는 누군가가 있다면 그 마음을 감사하게 백 프로 받아들이면 되는 것인데 그러지 못했던 것이다. 내가 나를 인정하지 않았기 때문이다. 누군가의 인정보다 더 중요한 것이 내 스스로의 인정인 것을 지금은 알지만 그때는 몰랐다.

2장

내면의 불안이
사라지지 않는 이유

01

혹시 저만 불안한가요?

결혼 6년 차인 나는 대한민국 사람들이 흔히 표현하는 '경단녀'이다. '경단녀'란 "결혼과 육아 탓으로 퇴사해 직장 경력이 단절된 여성"을 말한다. 결혼 전에 다니던 직장은 아이를 임신한 후에도 계속 다녔다. 출산을 앞두고 임신 8개월쯤에 그만두었다. 아이를 낳고 돌이 지났을 무렵부터는 약 1년 정도 파트타임으로 일을 했었다. 지금은 6살 난 딸아이를 키우면서 전업맘으로 지내고 있다.

아이와 함께하는 시간은 너무 소중하고 즐겁지만 전업맘으로 지내다 보니 언제부턴가 '나도 무언가를 해야 하는데.'라는 고민이 들었다. 남편이 혼자서 생계를 책임지는 것이 너무 안쓰러워 보였다. 그리고 나도 나의 재능과 능력을 발휘할 일들을 찾고 싶었다. '결혼 전에 하던 일을 다시 시작해야 하나? 아니면 새로운 일을 찾아봐야 하나?'를 매일 밤 수없이 생각했다.

아이를 키우면서 나는 대학 동기, 선후배들과 가끔 전화나 문자를 하곤 했다. 그중 몇몇 선후배들은 계속해서 경력을 쌓고 학위를 취득해서 교수가 되었다고 했다. 또 다른 후배나 동기들은 전공을 살려 개인 치료실을 오픈했다는 소식도 많이 들렸다. 그들은 대학을 졸업하고 꾸준히 17~18년의 경력을 쌓았다. 그래서 다들 자신의 분야에서 전문가로 활동하고 있었다.

지인들의 소식을 들을 때면 '나는 지금 무얼 하고 있는 걸까? 나만 현실에서 도태되는 건 아닌가?'라는 생각이 꼬리에 꼬리를 물고 이어졌다. 물론 나는 소중한 아이를 내 손으로 키우고 있다는 자부심도 있었다. 하지만 같은 직장에서 일했던 동료 선생님들도 한 명, 두 명 자신만의 치료실을 오픈한다는 소식을 전했다. 그러면서 나에게 같이 일할 생각은 없냐며 여러 번 의사를 물었다. 그때마다 나는 "아직은 아이가 어려서 힘들 것 같아요."라며 정중히 거절했다.

만약 일하고자 하는 마음이 있었으면 나에게 제안한 선생님들과 함께 일할 수 있었을 것이다. 그러나 내 마음 한편에는 결혼 전에 했던 일 말고 다른 무언가를 하고 싶다는 생각이 있었다. 확실하지는 않았지만 막연하게 그동안 했던 일과는 다른 일을 하며, 다르게 살고 싶다는 생각이 있었다.

나는 지금도 아이를 돌보며 전업맘으로 지내고 있는데 동기, 선후배들이 사회에서 열심히 커리어를 쌓는 모습을 보면 괜히 불안한 마음이 생긴다.

나는 딸아이가 한 명 있다. 올해 6살이다. 가끔 나에게 주변에서 "둘째는 안 낳냐?"고 물어보시곤 한다. 하물며 우리 친정 엄마도 "채원이 크면 외롭다. 동생이 있어야 한다."라며 둘째를 더 늦기 전에 낳아야 한다고 말씀하신다. 나도 여동생이 있기 때문에 자매가 얼마나 좋은지 너무나도 잘 안다. 성인이 된 후에 여동생이 있다는 것이 너무 든든하고 힘들 때 많은 의지가 되었다. 그래서 우리 딸도 형제, 자매가 있으면 너무 좋겠다고 생각했었다.

남편과 나의 자녀 계획은 '무조건 외동이다!'는 아니었다. '한 명도 좋고 두 명도 좋지.'라는 생각이었다. 나는 자연스럽게 둘째가 생기면 낳으려고 생각했었다. 그런데 첫째를 키우다 보니 아이를 키우는 일이 보통이 아니다. 육체적으로 무척 힘이 들었고 경제적으로도 어려움이 있다.

　1980년대는 '한 명만 나아 잘 키우자.'라고 했다. 하지만 2020.12.15 〈
연합뉴스〉 "결혼 5년 차 부부 5쌍 중 1쌍은 무자녀… 역대 최고 비중"이
라는 제목의 기사를 보면 "2020년 현재 우리나라는 결혼 5년 차까지 아
이를 갖지 않은 신혼부부가 5쌍 중 1쌍 꼴로 늘면서 비중이 역대 최대를
기록했다. 15일 통계청 신혼부부 통계에 따르면 지난해 결혼 5년 차 신혼
부부 가운데 자녀를 두지 않은 부부는 18.3%로 관련 통계 작성이 시작된
2015년 이래 가장 큰 비중을 차지했다." 기사에서는 신혼부부들의 난임,
자의적으로 출산을 하지 않는 딩크족이 늘어났기 때문에 출산율이 떨어
진 것이라고 한다.

　나는 딩크족은 아니지만 딩크족의 마음을 충분히 이해할 수 있을 것
같다. 아이를 낳아 기르는 동안 부모는 개인적 생활은 뒤로하고 온전히
아이를 위한 생활을 한다. 아이 키우는 일은 육체적으로도 힘들지만 경
제적으로도 매우 고려할 사항이 많다. 한 명의 아이를 키우는 데는 생각
보다 많은 돈이 필요하기 때문이다.
　나와 남편은 암묵적으로 둘째 계획을 미루고 있는 중이다. '딸 하나만
잘 키우면 되지.'라는 생각이 거의 지배적이다. 우리 가정의 경제적 불안
정이 언제 안정화될지 알 수 없기 때문이다. 어른들께서는 '애들은 자기

밥그릇은 가지고 태어난다. 낳으면 다 키우게 되어 있다.'라고 하시지만 아직 나는 둘째를 낳기가 불안하다.

우리는 결혼한 지 만 5년이 되었다. 신혼집을 포함하여 총 4번의 이사를 했다. 첫 신혼집은 전세였다. 남편이 당첨된 공공임대 아파트에 입주 날짜가 확정되지 않았기 때문에 근처에 신혼집을 마련했다. 아이를 낳고 6개월쯤 지났다. 신혼집 전세 계약 기간 2년을 채 채우기도 전에 LH 측에서 입주할 수 있다고 연락이 왔다. 입주 준비 기간은 한 달 정도로 매우 짧았다. 우리는 급하게 신혼집의 다음 세입자를 구하고 아파트로 이사를 왔다. 너무 좋았다.

신혼집보다도 훨씬 넓었고 쾌적했다. 이 아파트에서 분양 전환될 때까지 살면 주변 시세보다 싸게 분양받을 수 있다는 기대감에 행복했다.

오전 내내 햇살이 가득 비추는 집에서 아이는 무럭무럭 자랐다. 그런데 우리 집에는 곳곳에 하자가 있었다. 화장실 타일, 변기에 금이 갔고 특히 거실에서는 원인 모를 매캐한 냄새가 났다. 냄새의 원인을 찾으려고 남편은 LH에 여러 차례 하자 신청을 하였고 하자보수팀에서는 아무런 문제가 없다고 하였다. 그런데 에어컨 설치를 하던 중 설치기사님이 냄새의 원인을 찾아주었다. 거실 벽에 있는 전선이 잘못된 것 같다고 했다. 거기서 타는 냄새가 난다는 것이다. 이 사실을 LH에 이야기했지만 자기들은 해줄 수 있는 게 없다고 했다.

어린아이가 있는데 전선 타는 냄새가 나는 집에서는 더 이상 살 수가 없었다. 우리는 이 집에 이사 올 때 품은 꿈을 뒤로한 채 속상했지만 친정엄마가 계신 동네로 이사하기로 했다. 남편과 나는 앞으로 더 좋은 일이 있을 거라고 서로를 다독였다. 우리는 1년 6개월 만에 3번째 이사를 했다.

새로 이사 간 곳도 나름 좋았다. 신축 아파트여서 인테리어랑 구조가 너무 괜찮았다. 우리는 긍정적인 부분만 생각하기로 했다. 남편과 나는 여기 사는 동안 돈을 많이 모아서 더 좋은 곳으로 이사 가자고 약속했다. 아이도 새 집에 적응하고 또 새로 옮긴 어린이집에 적응하느라 몇 달이 지났다.

그런데 남편이 집주인으로부터 심상치 않은 전화를 받았다. 집주인은 지금 2개의 아파트를 가지고 있는데 지금 살고 있는 아파트는 매매할 계획이고 현재 우리가 살고 있는 집을 양도세 때문에 본인들이 들어와서 살아야 한다는 것이다. 그래서 이사 비용을 지불할 테니 이사를 해줄 수 있냐고 물어봤단다. 우리가 이사 온 지 6개월이 지났을 때였다.

'아니 이럴 수가 있나. 어떻게 우리에게는 이런 일이 계속해서 일어나는 걸까?' 너무 침통했다. 하지만 우리는 집주인의 제안대로 이사비용 및 소정의 비용을 받고 4번째 이사를 했다.

나는 이사를 여러 번 다니면서 짐 정리하는데 달인이 되었다. 물론 이삿짐센터에서 대부분의 이삿짐은 옮겨주셨다. 하지만 사용하기 편리하게 내가 다시 정리해야 했다. 이삿짐을 옮기고 하루면 우리 집은 말끔하게 정리가 되었다. 이사를 여러 번 다녔지만 나에게는 이사를 하고 이삿짐을 정리하는 것은 스트레스가 아니다.

다만 내가 불안하고 힘들었던 점은 '언제쯤 내 집에서 오랫동안 정착하고 살 수 있을까.' 하는 점이었다. 부모가 된 입장에서 어린아이가 새롭고 낯선 환경에 적응하는 것이 무척 안쓰러웠다. 앞으로 조금만 더 노력하면 우리 가족이 행복하고 편안한 우리 집을 가질 수 있다는 희망과 한편으로는 '계속 이렇게 살아야 하는 건가.'라는 불안감이 동시에 내 마음속에서 커져갔다.

02

결혼했다고 저절로 행복해지는 것은 아니다

　결혼을 계획하는 수많은 커플은 결혼 후 그들의 행복한 인생을 한껏 상상할 것이다. 배우자와 아늑한 집에서 퇴근 후에 맛있는 음식을 먹고 같이 소파에 앉아 좋아하는 영화를 본다. 그리고 따뜻한 침대에서 함께 잠드는 그런 낭만적인 일상을 상상할 것이다. 생각만 해도 평화롭고 행복한 장면이다.

　결혼은 두 남녀가 부모님 곁을 떠나 스스로 한 가정을 온전히 일구어 나가야 하는 또 다른 도전이다. 즉 새로운 세상을 창조해나가는 것이다.

이 새로운 세상은 부부의 가치와 생각으로 자라게 된다.

사람들은 누군가를 만났을 때 상대의 첫인상으로 그 사람의 분위기와 느낌을 단번에 알아차릴 수 있다. 표정, 걸음걸이, 말투, 옷차림 등은 그의 취향과 생각을 파악하는 데 많은 힌트가 된다. 한 가정의 분위기도 부모가 가진 생각과 가치관에 따라 결정된다. 행복과 사랑이 가득한 가정인지 불평과 불만으로 서로를 헐뜯는 가정인지를 파악할 수 있다.

결혼 후 많은 신혼부부들이 자신들만의 세상을 꾸려나가면서 크고 작은 위기에 봉착하게 된다. 나 역시 결혼하면 남편과 작은 트러블이 일어날 수 있을지도 모른다는 불안감이 있었다. 그래서 결혼 선배들의 조언을 들으며 조심해야 할 것과 남편과 상의해야 할 것들을 미리미리 준비해두었다.

한 친구는 결혼 후 남편과 경제적인 문제로 사소한 다툼이 있었다고 한다. 둘은 맞벌이를 하였다. 친구네 부부는 매달 고정적으로 전세 대출 이자와 원금, 생활비, 아이 교육비, 주유비, 통신비 등의 지출이 있었다. 그리고 고정비용 이외에 추가적으로 발생한 비용은 카드 결제일까지 기다리지 않고 바로바로 결제를 했다고 한다. 그래야 우리 가계의 총 수입 대비 총 지출은 얼마이고 현재 남은 현금이 어느 정도인지를 자세히 파악할 수 있었기 때문이라고 했다. 남편이 경제적인 부분을 대부분 관리

했다. 그래서 수시로 친구에게 계좌에 잔고가 얼마인지 확인했다. 남편의 계산은 대부분 정확했다고 한다.

친구는 남편의 이런 행동을 이성적으로는 충분히 이해했지만 계속되는 잔고 확인으로 인해 무척이나 신경이 쓰였다고 했다. '이렇게까지 자주 물어보고 확인해야 해! 내가 알아서 관리하고 있는데. 돈이 많았으면 이렇지 않았을 텐데……. 돈 때문에 쪼들리는 생활이 정말 속상하다.'라며 무척이나 힘들어했다.

결혼 후 경제적인 문제로 인한 고민은 무척이나 크다. 빠르면 20대 후반이나 늦으면 40대 초반이 되어 결혼생활을 하게 된다. 대부분 신혼생활을 전세로 시작한다. 그나마도 대출이 없다면 행복한 것이다. 대출을 끼고 결혼생활을 시작했다면 부부 수입의 큰 부분이 대출이자와 원금을 갚는 데 사용된다. 언제 목돈을 모아 집을 살 수 있을지 생각만 해도 눈 앞이 깜깜하다. 경제적인 불안정은 부부 사이의 불화의 씨앗이 될 수도 있는 것이다.

결혼 전 연애 때에는 나와는 다른 상대방의 모습에 매력을 느끼고 끌리게 된다. 나와 다르게 활동적이거나 사교적이거나 진취적인 모습에 호감을 갖는다. 나와 다른 모습은 무척이나 인상적이다. 하지만 결혼 후에는 어떤가? 물론 나와 다른 상대방의 모습은 여전히 호감이고 매력적으로 다가올 수 있다. 하지만 그렇지 못한 경우도 있었다.

A는 학창 시절부터 매우 차분하고 조용하며 자기가 맡은 일을 야무지게 잘 해내는 그런 모범생의 친구였다. 학생의 본분인 공부를 무척이나 잘하는 친구였고 부모님, 선생님의 사랑도 듬뿍 받고 자란 아이였다. A는 자기와는 전혀 다른 성향의 남편을 만나서 결혼을 하였다.

남편은 친구들을 좋아했고 사람들과 어울리는 것을 좋아하는 외향적인 남자였다. 친구들과 만나면 으레 술자리를 자주 했다. 친구 남편은 신혼 때부터 퇴근 후 친구와의 술 모임, 회식 때문에 밤늦게 들어오는 횟수가 잦았다. 친구는 늦게까지 남편을 노심초사 기다리며 많이 힘들어했다. 늦게까지 연락도 없이 들어오지 않는 남편이 걱정되어 전화를 하면 통화가 안 되는 경우도 많았다. 어떤 때는 대리기사 아저씨가 남편 전화로 연락을 해줬다. 한번은 경찰서에 있다면서 연락이 온 적도 있다고 했다. 친구는 반복되는 문제로 시댁과 친정에까지 도움을 요청했고 남편은 다시는 술을 마시지 않겠다며 친구 앞에서 각서를 쓰기도 했다. 하지만 이런 일들은 여러 번, 몇 년을 반복됐다고 한다.

결혼 전 남편의 장점이라고 생각한 사교적인 성격은 결국 결혼 후 잦은 술자리로 이어졌다. 이로 인해 친구는 이혼을 생각할 정도로 매우 힘들어했다. 우리는 누구나 행복한 결혼생활을 꿈꾼다. 하지만 내 행동으로 인해 상대방이 고통스러워하고 불행하다면 어떤가? 당장 나의 가장 소중한 가족의 행복을 위해서라도 내 자신이 바뀌어야 한다.

수십 년을 따로 산 남자와 여자는 사랑으로 하나가 된다. 사랑하는 마음으로 한 가정을 꾸리게 된다. 서로의 생활 습관과 방식에 많은 차이가 있을 것이다. 신혼생활을 하는 동안 서로 다른 점을 파악하고 둘만의 새로운 방식을 만들어나가야 한다. 하지만 이런 조율이 쉽지만은 않다. 나의 방식이 맞는 것 같고 상대방이 고쳐줬으면 좋겠다는 이기적인 생각이 생기기 때문이다.

어느 날 식사 시간이었다. 아내가 식사 준비를 하면 남편과 식탁에 마주보고 앉아 도란도란 이야기를 나누면서 식사를 즐긴다. 배불리 식사를 마치고 아내는 얼른 식기를 치운다. 하지만 남편은 벌써 치우냐며 좀 쉬었다가 치우자고 한다. 아내는 빨리 설거지를 마무리하고 홀가분한 마음으로 차를 마시거나 디저트를 먹고 싶었다. 그러나 남편의 생각은 달랐다. 식사 마치고 바로 식기를 정리하면 즐거운 식사 시간의 분위기가 깨지는 느낌이 들어서 싫다고 했다. 그래서 조금 더 앉아 있다가 나중에 치우자는 것이다. 아내는 밥을 먹고 바로 치우지 않으면 식기에 음식물이 말라붙어서 설거지하기도 힘드니 바로 치우자고 한다. 서로의 생각을 계속해서 이야기한다.

식사를 하고 난 뒤 설거지를 하는 시간에 있어서도 이렇게 남편과 아내의 생각은 차이가 있다. 하지만 둘 다 맞는 말이다. 일찍 정리하고 여유로운 시간을 갖고 싶은 아내의 의견도, 즐거웠던 식사 시간의 여운을 계속 간직하고 싶어 하는 남편의 의견도 모두 옳다. 틀린 사람은 아무도 없다. 하지만 이 문제를 조율하는 당사자들은 어떨까? 서로의 의견대로 하자고 우길지도 모르겠다. 그러다 완만히 해결점을 찾으면 다행이지만 누구 하나 토라져 기분이 상할 수도 있는 것이다.

행복은 저절로 우리에게 오는 것이 아니다. 결혼했다고 해서 저절로 행복해지는 것도 아니었다. 내면은 불평과 불만으로 가득한데 외부에서 행복을 바라는 것은 이치에 맞지 않는 것이다. 행복은 소유가 아니라 존재이다. 물건을 소유하고 있다고 해서 행복하지 않다. 행복은 마음먹기에 달려 있다. 특별한 기쁨이 나에게 생길 가능성은 희박하지만 매일 나의 일상에서 일어나는 수많은 작은 기쁨들이 있다. 유난히 화창한 날씨, 아이의 이른 기상, 예정보다 일찍 도착한 택배, 혼자 커피를 마실 수 있는 시간은 아주 작아서 무시할 뻔한 일상의 행복이었다. 아주 작은 일상의 축복을 습관적으로 즐겨보자. 뇌는 습관의 산물이다. 그리고 우리 마음의 상태는 이러한 정신적 습관으로 충분히 변화할 수 있다.

나는 오늘도 행복하기 위한 연습을 한다. 가족들과 함께할 저녁 시간을 무척이나 기다린다. 행복으로 충만한 시간이 될 수 있도록 내 마음에 행복을 담는다.

5년 후 나는 어떤 삶을 살고 있을까?

지금 5년 후의 나의 모습을 선명하고 구체적으로 떠올리며 현재를 살고 있는 사람이 대한민국에 아니 전 세계에 몇 명이나 있을까? 당장 내일, 다음 주, 다음 달, 내년을 살아가기에도 너무나 힘든 시대이다. 나에게 5년이라는 시간은 굉장히 멀게 느껴졌다. 아이를 키우며 지낸 5년도 무척 길었다.

그러나 나의 20대, 30대가 쏜살같이 지나고 이제 40대가 되었다. 친구들과 새해 안부를 전하면서 "이제 우리 40이야!"라며 우울해하는 친구를 토닥여주다 보니 시간이 이렇게 빠르게 지났구나 다시 한 번 느꼈다. 앞으로 5년은 더 눈 깜짝할 사이에 허무하게 지나갈 것 같았다.

나는 아이를 키우면서 멋지게 직장 생활을 하거나 아니면 사업을 하는 워킹맘들에게 관심이 많다. 그날도 '육퇴' 후 자연스럽게 인스타그램을 열었다. 우리 딸은 이유식에서 유아식으로 넘어가는 시기에 밥을 잘 안 먹었다. 그래서 다른 엄마들은 아이들에게 무슨 반찬을 해주는지 궁금했다. 그래서 인스타그램에 가입했다. 개월 수가 비슷한 엄마들을 팔로우하고 정성스럽게 차린 유아식 사진을 보면서 '나도 이런 거 해줘야지.' 하며 인스타그램을 보며 나름 공부를 했다. 그렇게 팔로우한 엄마들이 피드에 올린 유아식 식재료나 조리법 등을 보면서 정보를 수집했다.

그런데 몇 달이 지나자 팔로워 수가 많은 엄마들은 하나둘씩 '공구'라는 것을 하는 것이었다. 한 엄마는 자기 아이에게 입히는 내복을 팔기 시작하더니 제품의 가짓수를 늘려 사업을 꽤 확장해나갔다. 심지어 남편이 자기는 육아가 적성에 맞다면서 '내가 육아를 하고 당신이 일을 하는 게 어때?'라는 말을 했다면서 인스타그램에 글을 올렸다. 남편이 이렇게 이야기할 정도로 그 엄마의 수입이 굉장히 많았던 것이다.

또 다른 엄마는 아이 식재료비에만 한 달에 80만 원을 쓴다고 했다. 부모는 아무거나 먹지만 내 아이에게만은 무조건 유기농 식재료만 구입해서 먹인다고 했다. 아이에게 삼시 세끼 엄청나게 정성을 들여 음식을 해주는 엄마였다. 아이가 사용하는 모든 것을 까다롭고 꼼꼼하게 구입한다는 이미지가 있었던 사람이었다. 이 엄마 역시 아이용품을 파는 공구를 시작했다. 본인은 아무리 많은 제품 의뢰가 들어와도 좋은 제품이 아니면 판매하지 않는다는 마케팅을 내세웠다. 그래서 다른 엄마들은 이 사람이 파는 아이용품은 믿고 살 만한 것이라고 생각하며 공구 일정을 묻고 또 물었다. 이분 역시도 공구로 엄청나게 성장하셨다. 넓은 집으로 이사도 갔다. 진심으로 부러웠다.

그들은 내가 처음 팔로우 할 때만 해도 똑같이 육아만 하던 엄마였다. 그런데 이제는 경제 활동을 하는 워킹맘들이 된 것이다. 이런 사례는 내가 이야기한 분들 말고도 엄청나게 많다. 나는 인스타그램 공구를 하는 엄마들을 보고 '역시 팔로워 수가 늘어나니깐 다들 판매를 하는구나.'라는 부정적인 생각을 했었다. 하지만 육아를 하면서 경제 활동을 병행하는 모습을 보니 그들이 너무 대단하게 느껴졌다. 이 방법은 매일매일 직장을 다니는 것보다 훨씬 효율적으로 보였다.

나는 자기계발에 관심이 많았다. 그래서 유튜브를 볼 때도 자기계발, 의식과 관련된 영상을 종종 즐겨 봤다. 최근 '신사임당'이란 분을 유튜브에서 알게 되어서 그분의 채널을 종종 보았다. 영상의 개수가 너무 많아서 제목만 보고 관심이 가는 영상을 몇 가지 보았다.

그중 하나가 '애 둘 엄마가 부업으로 월 300을 만드는 현실적 과정'이라는 영상이다. 현재 내가 아기엄마이고 경제적 활동을 하고 있지 않았기 때문에 부업으로 월 300만 원을 번다는 제목은 나의 눈길을 단번에 사로잡았다.

인터뷰하신 분은 자녀가 2명 있는 30대 주부였다. 남편의 월급만으로는 두 아이를 키우기기 힘들어서 뭐든지 해야 되겠다는 생각이 들었다고 했다. 아이가 6개월 때부터 네이버에서 '주부부업' 등의 단어로 엄청나게 검색했다고 한다. 그중 집에서 포인트를 모을 수 있는 앱테크 부업부터 시작했다고 한다. 포인트로 10만 원 모으기가 무척이나 어려운데 본인은 한 달에 10만 원을 버는 앱테크 계의 고수였다면서 유쾌하게 이야기하는 것이었다. 그 뒤로 블로그 글쓰기, 체험단 신청도 하면서 본인만의 부업의 영역을 확장하였다고 이야기했다.

지금은 『부업왕 엄마의 방구석 돈공부』라는 책을 출판하신 후 작가의 삶을 살고 있다. 또 현재 본인의 유튜브 채널도 운영하고 있다. 전국의 주부들을 대상으로 자신만의 다양한 노하우를 전달하는 강의도 한다. 현재 주부들과 함께 성장할 수 있는 선한 영향력을 전파하며 멋진 삶을 살고 있다.

내가 또 유튜브에서 관심 있게 본 주부가 있었다. 이분은 『나는 세포마켓에서 답을 찾았다』의 저자인 윤여진이었다. 학창 시절부터 엘리트 코스를 밟고 미국 유명 대학에서 석사까지 하고 서울대학교에서 박사 과정을 밟고 계신 분이었다. 양가 부모님 모두 교육자이셔서 돈을 터부시하는 문화에서 자랐다고 한다. 그런데 어느 날 문득 새벽에 '아이를 키우면서 이렇게 많은 유아용품을 사는데 나도 한번 팔아볼까?'라는 생각이 들었단다. 그래서 다음 날 아침 남편에게 "나 오늘 사업자등록증 낼 거야!"라고 말했다고 한다.

그리고 바로 사업자등록증을 냈다. 그리고 자신이 평소 사고 싶었던 제품을 판매하는 업체에 전화를 해서 "나는 ○○제품을 인스타그램에 공구하고 싶다."라고 이야기했다.

그 당시 공구라는 개념이 많이 알려지지 않아서 본인이 직접 업체에 공구가 무엇인지 설명을 해주었단다. 그렇게 첫 공구를 시작했다. 그러나 공구에 대한 정확한 정보가 없는 상태에서 판매를 한 상품이 타 싸이트에서 본인보다 더 싸게 파는 것을 알고 본인에게 제품을 산 사람들에게 모두 환불을 해주었다고 한다. 그녀는 그렇게 첫 판매를 시작했다.

그녀는 영상에서 인스타그램 팔로워 수가 1,000명일 때 공구를 시작하게 된 계기, 그리고 그 사업을 어떻게 일구어나갔는지를 상세하게 이야기해주었다. 그리고 뭐든지 한번 도전해보는 것이 좋은 것 같다고 이야기한다. 그렇게 갑자기 인스타그램 공구를 시작한 그녀는 현재 연매출 5억을 달성하는 사업가이자 작가이자 강연가로 활발한 활동을 하고 있다.

내가 결혼하고 육아를 하며 보낸 시간이 만 5년이 지났다. 5년 전과 현재를 비교해보니 나에게는 결혼과 출산이라는 큰 이벤트가 있었다. 우리 아이는 이제 6살이 되었다. 지금부터 또 5년 후 나는 40대 중반이 되고 아이는 초등학생이 되어 있을 것이다. 이것은 단순히 세월의 흐름에 따라 나이로만 계산했을 때이다.

하지만 5년 뒤 나는 만족할 만한 경제적 부를 이뤘을까? 아니면 내적 성장을 이룬 후 하고 싶은 일은 하면서 가족들과 멋지게 살아가고 있을지는 미지수이다.

5년 전의 나의 모습과 현재의 나의 모습은 큰 차이가 없다. 그러나 내가 육아하며 틈틈이 육아 정보, 자기계발 정보를 위해 살펴본 인스타그램과 유튜브 상의 육아 맘들은 하나같이 다 다른 모습의 사람들로 변해 있었다. 그들은 변화된 삶을 사는 데 채 5년이 걸리지 않았다. 짧게는 몇 개월에서 2년 정도 만에 본인의 위치가 달라진 것이다. 사랑하는 아이를 키우며 하루하루 육아에 최선을 다해 살아가는 똑같은 육아 맘들이었다. 그들은 사업가가 되었고, 작가가 되었고 강연가가 되었다. 거기에 경제적으로도 훨씬 나은 삶을 살고 있는 것이다.

우리는 어떠한 도전에 앞서 너무 많은 핑계거리를 찾는다. 다이어트를 할 때도 '오늘만 먹고 내일부터 다이어트 해야지!', '오늘은 너무 늦었으니깐 내일부터 운동해야지!', '올해는 다 갔으니 내년부터는 꼭 하루 한 페이지라도 책 좀 읽어 봐야지!'라며 본인이 도전하지 못하는 합리적인 이유를 찾고 있다.

나 역시 엄마가 된 후 아직 아이가 어리니깐 조금만 더 크면 일을 하려고 생각했다. 나의 도전을 아이라는 합리적인 핑계를 대면서 미루고 미루었다. 하지만 내가 간접적으로 경험한 엄마들을 보니 더 이상 미루는 것은 안 될 것 같았다.

프랑스 시인이자 비평가인 폴 발레리는 말했다. "생각대로 살지 않으면 사는 대로 생각하게 된다." 5년 뒤 멋지게 살기를 바란다면 변화된 내 모습을 생생하게 상상하며 하루하루를 도전하면서 살면 된다. 하지만 매일 육아 때문에 힘들다고 불평불만만 하며 살다 보면 5년 뒤에도 여전히 꿈이 없는 육아 맘으로 다른 사람이나 부러워하며 살고 있을 것이다.

누구보다 열심히 사는데도 불안한 이유

요즘 현대인들은 누구보다도 열심히 살고 있다. 6~7시쯤 일어나 아침을 대충 먹고 출근 준비를 한다. 헐레벌떡 직장에 도착하면 엄청난 업무 스트레스를 받으며 하루를 보낸다. 퇴근 후에는 휴식을 취하거나 운동, 자기계발 등을 하며 시간을 보낸다. 보통 직장인들의 삶이 이렇지 않을까?

나 역시 직장 생활을 하며 엄청나게 바쁘게 보냈다. 새벽 5시에 일어나 6시에 시작하는 영어 회화 수업을 들었다. 그리고 서둘러 7시 30분쯤 버스를 타고 9시 전까지 직장에 갔다. 하루 종일 일을 하고 퇴근 후 일주일에 2번은 대학원 수업을 들었다. 주말에는 직무 관련 자격증을 따기 위해 1년 동안 매주 토요일마다 수원에서 지하철을 타고 혜화에 있는 서울대학교병원까지 수업을 들으러 다녔다. 수업은 9시부터 5시까지였다. 가는 시간만 2시간 가까이 걸렸다. 왕복 4시간이다. 토요일 하루는 나의 커리어를 쌓는 데 온전히 시간을 투자한 것이다.

이렇게 예전의 삶을 되돌아보니 나의 삶이었지만 왠지 숨이 막혀온다. 그때 당시는 이렇게 사는 것이 힘들지 않았다. 이렇게 사는 것이 내 삶을 발전시키는 일이라고 생각했다. 주변의 다른 직장인들도 자기계발을 위해 공부를 하든지 운동을 다니든지 했다. 다들 하루하루를 치열하게 산다고 생각했다.

그렇게 2년 동안 학교를 다니며 학위를 취득하였다. 그리고 1년간 공부한 자격증을 땄다. 한 가지 미션을 수행하면 또 다른 미션 수행을 위해 또 다시 나를 혹독하게 채찍질하였다. 가만히 있으면 나만 도태될 것 같은 생각이었다.

이번에는 새벽 수영을 등록했다. 5시 30분 수업이다. 너무 이른 수업이었지만 수강할 수 있는 수업은 첫 타임밖에 없었다. 같이 하기로 한 동료와 나는 고민하다가 첫 수업을 등록했다. 4시 40분에 일어나서 간단히 옷을 챙겨 입고 동료를 픽업해서 같이 새벽 운동을 하러 갔다. 새벽 운동을 하는 사람들은 생각보다 무척이나 많았다. 시원한 수영장이 운동하는 사람들의 열기로 가득했다. 다들 직장에 가기 전에 운동을 하고 출근하는 부지런한 직장인들이었다.

너무 이른 수업이어서 우리는 수업을 마치고도 출근 전까지 많이 여유로웠다. 근처 빵집에서 샐러드를 산 후 공원 벤치에 앉아 아침을 먹고 출근을 했다. 아침 일찍 일어나 운동을 하고 여유롭게 아침까지 챙겨 먹어도 8시 30분이었다. 일찍 일어나서 여유로운 아침 시간을 즐기는 것도 너무 좋았다. 사무실에 도착해 업무 준비를 하고 또 열심히 하루를 보냈다.

무엇을 위해 그렇게 열심히 사는 걸까? 직장인들은 더 높은 연봉을 희망한다. 아니면 더 좋은 직장으로 이직하기를 기대한다. 그러기 위해 힘들고 고되지만 오늘 하루 열심히 자기계발을 하며 살아가는 것이 아닐까? 나도 막연히 지금보다 더 나은 삶을 살기 위해 계속해서 무언가를 했다. 학교 다니고 학원 다니고 운동하고 독서도 하면서 말이다. 쳇바퀴 돌아가듯 열심히 살고 있는 것 자체가 성장하고 발전하는 것이라고 착각했던 것이다. 이렇게 빡빡하게 살지 않으면 바쁘게 돌아가는 세상에서 성장하지 못하고 도태된다는 불안감이 나를 계속 억눌렀다.

결혼을 한 후에도 계속해서 더 나은 삶을 위해 노력했다. 모든 엄마들이 그러하듯이 아이가 태어나면 내 아이를 잘 키우고 싶은 간절한 소망이 있을 것이다. 나보다는 더 나은 환경에서 키우고 성장하기를 바랐다. 아이가 태어나기 전부터 육아서를 사서 읽고 육아 관련 팟캐스트를 청취했다. 그때 당시 나는 산부인과 의사와 출판사 에디터가 운영하는 '맘맘맘'이라는 팟캐스트를 즐겨 들었다. 미리 아이를 낳고 경험담을 이야기해주는 출연진들의 이야기라서 그런지 내게 더 생생하게 다가왔다. 아이를 낳기 전 주의사항, 아이를 키우면서 필요한 육아 지식, 유용한 육아용품들을 추천해주는 방송이었다. 방송을 들으며 메모도 하고 모르는 것을 하나하나 알아가는 재미가 있었다.

아이가 조금 크면서는 멋진 엄마가 되고 싶다는 소망을 더 많이 가졌다. 그래서 자기계발 관련 서적을 조금씩 읽기 시작했다. 처음에는 어떤 책을 읽을지 몰라서 인터넷 서점의 베스트셀러 코너 상위에 랭킹된 것 위주로 읽었다. 『백만장자 시크릿』, 『아주 작은 습관의 힘』, 『돈의 신에게 사랑받는 3줄의 마법』 등 생각과 의식을 확장하고 부를 증진할 수 있는 방법을 알려주는 실용서 위주의 책들을 즐겨 보았다. 책을 읽은 후 깨달음을 얻고 나도 저자가 이야기하는 것처럼 작은 것부터 따라 해보기도 했다. 당장 눈에 띄는 변화는 없었다. '내가 지금 하고 있는 것이 맞나?'라는 불안감이 생기기도 하였다. 책 속의 저자들은 생각과 행동을 바꾸면 빠른 시간 안에 인생이 바뀐다는데 나는 아직 제자리걸음인 듯했다.

불안감은 또 다른 방법을 찾는 데 노력을 기울였다. 나는 평상시에 유튜브 시청을 즐겨하지 않았다. 그런데 어느 날 내가 읽고 있던 책을 유튜브 검색창에 검색해보니 그 책을 소개해주는 유튜버들이 엄청 많이 있었다. '북튜버'들이라고 말하는 이들이 생각보다 많았다. 그중 내 눈길을 사로잡았던 한 유튜버가 있었다. 그 유튜버는 '김새해'였다. 나와 같이 아이 엄마였고 아이들이 3명이나 있었다. 아이들을 재우고 새벽에 일어나서 책을 읽고 구독자들에게 유튜브로 본인이 읽은 책 이야기를 나누는 분이었다. 아이가 3명이나 있는데 틈틈이 책을 읽고 영상까지 찍는 부지런함에 놀랐다. 그녀는 어렵고 힘든 시절이 있었지만 책을 통해 성장하고 지금은 풍요로운 삶을 살고 있다고 했다. 그녀가 느끼고 경험한 진솔한 이야기들은 많은 이들에게 깊은 감동을 주었다. 그래서 점점 그녀를 좋아하는 사람들이 많아졌다. 나도 그중 한 명이었다. 그렇게 꾸준히 그녀의 채널을 시청하면서 나 역시도 동생, 엄마에게 내가 배우고 경험한 이야기를 전해주기도 했었다.

작년에는 그녀가 'Class 101' 강의 플랫폼에서 강좌를 개설한다고 해서 거금을 들여 강의를 신청했다. 강의가 오픈되자마자 나는 하루에 3~4개씩 거의 50개의 강의를 1~2주 만에 다 들었다. 중간중간 제공되는 과제도 열심히 하면서 나를 성장하고 발전시키기 위해 노력했다. 들었던 강의는 듣고 또 들었다. 노트 필기한 것도 반복해서 들여다보았다.

이 강의는 코칭권도 포함된 강의였다. 강사에게 궁금하거나 고민되는 부분을 질문하면 온라인으로 답변을 해주는 방식이었다. 하지만 내 고민을 더 신중하게 생각해 보고 코칭권을 써야겠다며 코칭권 사용을 미루고 미루었다. 매일 긍정적이고 즐거운 상상을 하면서 기분 좋게 하루하루를 보냈다.

그날도 유튜브를 시청하기 위해 앱을 켰다. 그런데 관련 영상에 '김새해 뒷 광고'라는 문구를 보았다. 내용은 김새해 작가가 출판사에서 광고비를 받고 책을 소개했다는 내용이었다. 그런데 광고비를 받았다는 내용을 영상에 기재하지 않아서 문제가 된 것이다. 나는 그동안 내가 좋아하는 책을 소개해주는 영상을 재미있게 보았고 그 사람을 신뢰해서 그가 운영하는 강의까지 찾아서 들었는데 매우 배신감을 느꼈다. 왠지 나의 선택이 잘못된 것 같은 느낌이었다. 그런 그녀에게 내 고민을 털어놓고 해결책을 기대했다는 것 또한 부끄러웠다. 당장 강의를 환불 받았다. 업체 측에서도 사태가 이러하니 바로 환불 처리를 해주었다.

나는 누구보다도 열심히 나의 미래를 걱정했다. 지금보다 더 나은 미래의 모습을 상상하며 현재를 충실히 살아냈다. 현재의 불안함을 더 나은 학력, 더 나은 실력, 더 나은 체력을 키우며 이겨내려고 노력한 것이다. 불안을 이겨내는 내가 아는 방법은 나를 혹독하게 훈련시키는 것 말고는 없었다. 나에게 주어진 일들을 무조건 열심히 하는 것이다.

불안의 진짜 원인과 이유를 내면에서 찾기보다는 눈에 보이는 외형적인 노력으로 불안을 잠시 덮어버리려고 한 것이다. 이런 행동은 당장의 만족감은 채워주었지만 시간이 지나고 나면 또 다시 불안하게 된다. 완벽히 해결되지 않는 것이다. 내가 표면적인 성장을 위해 계속 무엇인가를 찾아 헤맸던 것처럼 말이다.

그러나 나는 이제 더 이상 불안하지 않다. 이제 나에 대한 믿음과 신뢰가 가득해졌기 때문이다. 눈에 보이는 성장에는 큰 관심이 없다. 내면의 성장이 있다면 당연히 외면의 성장이 따라온다는 것을 알고 있기 때문이다. 내면의 성장을 이루기 위해 오늘도 나는 노력하고 있다.

아이가 클수록 고민이 많아지는 이유

나는 요즘 딸아이와 오디오 동화를 많이 듣는다. 온라인 앱에서 멋진 성우들이 생동감 있게 이야기를 낭독해준다. 특히 우리 딸은 〈라인 프렌즈〉, 〈유라와 동화친구〉 시리즈를 좋아한다. 하도 들어서 외울 정도이다. 오디오 동화는 내가 책을 안 읽어줘도 되니 너무 좋았다. 특히 위인전을 들으면서 나도 모르게 점점 그들의 이야기에 슬슬 빠져 들었다.

상상력으로 세상을 바꾼 스티브 잡스, 모바일 메신저로 세상을 연결한 마크 저크버그, 여자들의 패션 혁명 코코 샤넬, 최초의 비행기 제작 라이트 형제, 여성 비행기 조종사 아멜리아 에어하트, 스페인 건축가 가우디 등 수많은 위인들의 이야기는 감동과 재미가 있었다.

위인전을 들으며 우리 아이도 이야기 속 주인공처럼 멋진 꿈을 가지고 살았으면 하는 소망을 가져본다.

2016년 12월 나는 첫아이를 낳았다. 임신하고 10달 동안 매일 건강하고 튼튼한 아이가 태어나기를 간절히 기도하고 바랐다. 나는 아이를 낳기 전까지 장애 아동을 치료하는 작업 치료사였다. 매일매일 장애가 있는 아이들을 만나고 치료를 하였다. 몸이 다소 불편하거나 인지능력이 낮은 아이들을 치료하였다. 내 역할은 치료를 통해 아이들이 정상 발달을 할 수 있게 도와주는 일이었다. 조금씩 발전하는 아이들의 모습에 보람을 느꼈다.

한편으로는 일을 하면서 '우리 아기가 건강하게 태어날 수 있을까?'라는 걱정도 많이 했었다. 괜히 더 불안한 마음이 들었다. 임신 5개월 때 기형아 검사를 하였다. 검사 결과가 나올 때까지 얼마나 떨리던지. 결과를 듣고 안도의 한숨을 내쉬었던 기억이 아련히 떠오른다. 직업 특성상 장애아동의 어려움을 너무나 잘 알고 있었기 때문에 우리 아이는 더 건강한 아이로 태어나기를 간절히 소망하였던 것이다. 치료사였던 나뿐만 아니라 이 세상 모든 부모들이 건강한 아이가 태어나기만을 바라고 또 바랄 것이다. 다행히 딸아이는 무척 건강하게 태어나서 무럭무럭 잘 자라고 있다.

아이가 신생아 시절을 보내고 돌쯤 되자 아이에게 새로운 경험을 많이 시켜줘야겠다는 욕심이 들었다. 아이를 데리고 박물관을 자주 다녔다. 또 장난감도 다양하게 제공해주고 싶었다. 매번 다른 장난감을 사는 것은 부담이 되기고 하고 자주 새로운 장난감을 제공하기 위해 시에서 운영하는 장난감 도서관에 등록하였다. 회원 등록을 하고 나는 아이를 위해 매주 새롭고 재미있는 장난감을 대여했다. 아이는 새로운 장난감을 무척 좋아하고 신나게 가지고 놀았다. 그러면 나는 더 인기 있는 장난감을 빌리기 위해 장난감 도서관 문이 열리기도 전에 미리 가서 줄을 서 있기도 했다.

나는 아이에게 또 다른 경험을 해주고 싶었다. 문화센터 수업이다. 문화센터의 수강 신청 날은 미리 알람을 설정해놓았다. 인기 프로그램은 순식간에 마감이 되기 때문이다. 온라인 사이트가 오픈되기 전부터 모든 준비를 하고 1분 만에 선착순 접수를 성공하기도 했다. 접수한 오감체험 프로그램은 매주 다양한 주제로 수업을 해주었다. 아이는 수업에 즐겁게 참여했다. 그렇게 엄마는 또 욕심을 부려 책 읽기 프로그램도 신청한다. 오감체험에 책 읽기 수업까지 하면 신체 자극, 지적 자극까지 골고루 충족될 것 같은 생각이 들었다.

임신 때 건강하고 튼튼하게만 태어나 달라고 기도했던 엄마는 자꾸 이런저런 욕심이 생겼다. 이제 갓 돌이 지난 아이에게 다양한 경험들을 채워주고자 한 것이다. 이런 경험은 아이 신체·정서 발달에도 도움이 될 것이라고 믿었다. 아이는 부모의 따뜻한 사랑과 관심을 먹고 자란다는 것을 누구보다도 잘 알고 있었다. 그것은 기본 중에 기본이고 그 이상의 것을 아이에게 주고 싶은 부모의 마음이었다.

아이는 자라서 3살이 되었고 주변 육아 선배들은 아이 어릴 때는 돈 들어 갈 일이 별로 없으니 돈을 많이 모아 두라고 조언하였다. 또 어릴 때 아이와 함께 하는 시간을 많이 가져라. 책을 많이 읽어줘라 등등 육아 선배들의 경험에서 나오는 진심 어린 충고를 많이 들었다. 아이의 미래를 위해 돈도 많이 모아야 하고 아이와 추억을 쌓을 시간도 많이 가져야 하고 아이의 정서 발달을 위해서 책도 많이 읽어줘야 했다. 부모가 아이를 제대로 키우는 데 해야 할 일들이 이것 말고도 너무나 많았다.

우리 딸은 신체적 발달이 빠른 편이었다. 10개월 10일에 걷기 시작했고 몸을 쓰면서 노는 활동에 흥미가 많았다. 걷기 시작하면서부터는 아파트 놀이터를 내 집처럼 다녔다. 그네 타기, 미끄럼틀 타기, 암벽 등반 오르기, 구름사다리 건너기 등 몇 번만 연습하면 곧잘 해냈다. 이런 아이의 모습을 보고 나는 '고슴도치도 제 새끼는 예쁘다던데.'라며 우리 딸이 너무 귀엽고 기특했다. 요즘 아이들이 많이 타는 킥보드도 16개월에 처음 탔다. 킥보드를 타고 내리막길을 혼자 내려가다가 돌부리에 걸려서 잔디밭에 고꾸라졌는데도 울지도 않고 다시 일어나서 또 킥보드를 탔다.

아이는 신체 활동에 흥미를 느끼고 좋아했다. 그네 타는 실력은 놀이터 나가는 횟수와 함께 쑥쑥 늘어갔다. 처음에는 그네를 앉아서 타다가 금방 일어서서 탔다. 또 며칠이 지나자 한 줄을 잡고 시계 방향으로 빙글빙글 돌기, 그네를 빙빙 돌려 꼬아서 점프해서 올라타기, 심지어 두 개의 그네 줄을 양손에 잡고 기계체조 선수처럼 공중돌기까지 하기에 이르렀다. 아이는 누구한테 배운 것도 아니었다. 놀이터에서 노는 친구나 언니, 오빠들 중에도 공중돌기를 하는 친구들은 한 명도 없었다.

나도 너무 놀라서 아이에게 "채원아, 그네에서 한 바퀴 도는 거 어떻게 한 거야, 누가 하는 거 봤어?"라고 몇 번이나 물어보았다. 그러나 아이는 나의 질문에 "그냥 내가 한 거야."라고 덤덤히 이야기했다. 아이의 곡예 실력은 이것뿐만이 아니었다. 높은 곳에서 멀리 점프하기, 아빠 두 손 마주보고 잡고 가뿐히 한 바퀴 돌기, 나의 다리, 배, 가슴 밟고 어깨에 올라가기 등이 있다. 아이의 이런 모습을 동영상을 찍어서 지인들에게 보여주자 다들 놀라며 딸아이를 운동시켜야겠다고 했다. 한 친구는 자기가 진심으로 이야기한다면서 리듬체조 학원이나 운동 능력을 검사하는 곳을 데리고 가기를 권했다.

주변 지인들의 이런 반응은 여러 번 있었다. 오랜만에 만난 친구들조차도 아이의 영상을 보고 한마디씩 했다. 지인들의 이야기를 들을 때마다 우리 아이에게 진짜 특별한 운동 능력이 있는 건지 보통 아이들보다 겁 없이 위험한 활동을 많이 하다 보니 저절로 터득된 것인지 헷갈리기도 했다.

나와 남편도 운동을 시켜보면 좋겠다는 생각을 했다. 그러나 '요즘은 운동도 경제적 뒷받침이 되어야 한다는데.'라는 생각이 먼저 앞섰다. 마냥 아이가 좋아하고 잘하는 것을 무조건적으로 후원해주려는 생각보다는 경제적인 문제를 먼저 고민하게 되는 내 모습이 무척 속상했다.

부모는 아이가 클수록 고민이 많아진다. 매일매일 뉴스를 통해 전해지는 끔찍하고 흉흉한 소식을 접하면서 이렇게 무서운 세상에서 어떻게 하면 우리 아이를 더 안전하게 키울 수 있을까 걱정을 한다. 또 어떤 엄마들은 똑똑한 아이가 태어나기를 바라며 태교로 수학 문제집을 풀기도 한다. 아이가 태어나면 다른 집 아이는 벌써 뒤집는데, 기는데, 걷는데 등을 수없이 비교하고 우리 아이의 발달이 느린 건 아닌지 수없이 고민하고 걱정한다.

어린이집, 유치원, 학교를 가서도 아이에 대한 고민이 끝나는 것은 아니다. 조금 더 잘해주고 싶고 더 많은 것을 가르쳐 주고 싶은 마음과 그렇지 못한 현실에서의 괴리감 때문에 속상함을 느끼게 된다. 지금 아이에게 최선을 다해 사랑을 주고 있는 건지 아이가 신체적·정서적으로 올바르게 잘 크고 있는지 매일 매순간이 걱정이다. 이런 고민들이 아이를 올바로 키우는 데 도움이 될 수 있겠지만 나는 오늘도 아이는 부모가 믿는 만큼 자라게 된다는 말을 마음에 새기며 불안함을 이겨내려고 노력한다.

06

불안해지면 시야가 좁아진다

'불안'이라는 단어를 보면 어떤 생각이 떠오르는가? 나는 학창 시절 시험을 앞두고 '내가 공부한 부분에서 시험 문제가 나와야 하는데.' 하며 불안했던 기억, 대입 결과를 기다리며 '합격해야 할 텐데.'라며 떨렸던 기억, 취업 면접을 본 후 합격자 발표를 기다리던 때의 감정, 건강한 아이의 탄생을 기도하던 때의 느낌 등이 떠오른다. 모두 나를 불안하게 했던 감정의 기억들이다.

나에게 불안은 대부분 확실하지 않은 상황을 떨리는 느낌으로 기다리고 고대하는 중에 생기는 감정이었다. 긍정적인 결과를 기대하지만 혹시

모를 나쁜 결과도 함께 생각하게 하는 그런 불편한 감정이 불안이었다.

2020년은 대한민국 국민뿐만 아니라 전 세계 사람들 모두 불안함으로 한해를 보냈다. 한 달 두 달이면 없어질 것이라 여겼던 '코로나 19 바이러스'는 2020년 내내 우리 삶을 송두리째 바꿔버렸다. 즐거움과 행복함으로 가득할 학교생활을 기대한 초등학생 1학년은 1년간 20번도 출석하지 못하고 1학년을 마무리하게 되었다.

대학생들은 어떤가? 대학생이 되기 위해 12년간 열심히 공부하였을 것이다. 그러나 캠퍼스의 추억을 쌓지도 못하고 온라인 수업을 하며 1년을 보내게 된 것이다. 직장인, 주부, 학생 모두는 아직 종식되지 않는 코로나 19 바이러스로 인해 생활의 불편함을 많이 느끼고 있다. 내년에도 또 이런 생활을 해야 할지 모른다는 불안감에 사로잡혀 있다. 우리는 이동의 자유, 여행의 자유, 휴식의 자유를 모두 억누른 채 묵묵히 현재의 불안을 안고 살아가고 있는 중이다.

매스컴에서는 코로나로 인해 아이들의 학력 격차가 점점 심해질 수 있다고 우려의 목소리를 낸다. 워킹맘 엄마들 중에는 직장에 나가게 되면서 아이들의 온라인 수업을 제대로 챙기지 못하는 분들이 많이 있다. 그에 반해 전업맘 엄마들은 이러한 상황에서도 아이들의 학습 능력을 향상시키기 위해 다양한 교육을 하고 있는 것이다.

나의 지인 자녀들의 스케줄을 보면 오전에는 학교 온라인 수업을 한다. 그리고 개인적으로 각 과목별 문제집을 몇 권씩 푼다. 영어 학원 수업 후 화상영어를 한다. 개인방문 선생님과 논술 수업을 하며 실력을 차근차근 쌓고 있다. 전업맘 아이들은 엄마의 밀착 교육으로 학교를 안 가는 이 시기를 기회로 삼고 열심히 아이의 학업에 집중하고 있다.

주변에서 아이를 어릴 때부터 꼼꼼하게 학습 관리를 해주는 모습을 보면 우리 딸은 아직 어리지만 미래에 '나도 저렇게 열심히 해줘야 하나?'라는 생각이 든다.

아이가 태어나 하루하루 육아를 하면서 '아이가 빨리 100일이 되면 소원이 없겠다.'라고 생각했다. 100일의 기적이라는데 백일 후면 잠을 푹 잘 수 있을 것이라는 희망을 가지고 하루하루를 보냈다. 백일이 지났지만 기적이라고 할 만한 변화는 없었다. 똑같이 새벽에 자주 일어나서 수유하고 기저귀 갈아주는 생활이었다. 이제 돌만 지나면 육아가 더 수월할 줄 알았다. 걷기 시작하니깐 종횡무진 돌아다니는 아이가 넘어져 다칠까 봐 하루 종일 아이 뒤를 졸졸 쫓아 다녀야 했다. 그래서 내 몸은 더 고단해지는 것 같다. 이렇게 힘든 육아가 언제쯤 끝이 날지 막막했다.

그즈음 나는 김선미 작가의 『닥치고 군대 육아』를 읽게 되었다. 작가는 군대 왔다 생각하고 닥치고 3년은 육아에 올인 해야 된다고 말한다. 그러면 3년 후 내 삶이 조금 편해진다고 했다. 아이를 키우면 생기는 불안감과 막막함은 미리 아이를 키워본 선배 엄마의 육아서를 읽고 조금 해소되었다. 육아서는 망망대해를 항해하는 배의 나침반과 같은 역할을 했다. 그것은 목적지를 정확히 알고 배를 조정하는 것과 다름없었다. 그동안 나는 당장 우리 아이의 개월 수에 해야 할 것과 할 수 있는 것만 생각했었다. 하지만 육아서를 읽으면서 아이의 미래를 무작정 불안해하지 않는 눈을 갖게 되었다.

SNS에는 육아를 하면서도 너무나도 멋지게 생활하는 사람들이 많이 있었다. 아이를 낳은 지 한 달도 안 되었는데 바로 멋지게 본업을 시작하는 엄마들, 아이 낳고 한두 달 만에 아가씨 때의 날씬한 몸매로 되돌아간 엄마들, 아이를 키우면서 겸업으로 경제 활동을 하는 엄마들까지 내가 가지지 않은 것들을 모두 가진 아기 엄마들이 너무나 많았다.

나는 혼자서 이렇게 생각했다. '저 사람들은 전담으로 아기 봐주는 사람이 있을 거야.' 하며 질투 아닌 질투를 하였다.

인스타그램에는 한없이 나의 자존감을 낮추는 사진들만 가득했다. 의도된 모습이든 아니면 진실의 모습이든 어찌나 다들 예쁘고 날씬하고 멋진지. 그런 사진들을 보면서 나와 비교하는 내 자신이 초라했다. 그래서 한동안은 아예 이런 모습을 보지 않는 것이 낫겠다는 생각이 들었다. 그래서 앱을 삭제했다. 그러나 금방 다른 엄마들의 일상과 우리 아이와 같은 개월 수 아이들은 어떤 모습인지 궁금해서 다시 앱을 깔았다. 처음 그들의 사진을 볼 때보다는 내 마음은 편안했다. 하지만 마음속에서 종종 상대와 나를 비교하고 질투하는 내 모습을 발견하곤 하였다.

그 당시 나는 나를 진정으로 사랑하고 아끼는 마음이 부족하였다. 나는 아기를 낳은 후 매일 아기와 함께하는 반복적인 일상이 감사하고 행복했지만 또 한편으로는 내 자신은 점점 없어지는 것 같은 생각이 들어서 불안했던 것 같다. 그래서 나와 다른 사람들의 삶을 보면서 아이와는 별개로 자신만의 인생을 차곡차곡 일구어나가는 그들의 모습이 부러웠고, 질투가 났던 것이다. 나 역시도 아이와 함께하는 시간을 행복하게 지내면서 얼마든지 더 나은 미래를 꿈꿀 수 있었을 텐데……. 그 당시는 나의 시야가 당장 내 눈앞에 펼쳐진 현실만을 들여다볼 정도로 좁았다. 내가 할 수 있는 것은 별로 없다고 생각했다.

웨인 다이어의 적극적이고 긍정적인 변화의 시작 『확신의 힘』에서 저자는 나를 정의하는 방법을 이야기해준다. 평상시 "난 ~가 아니야.", "난 ~ 못해.", "난 ~가 없어."가 아닌 "나는 ~이다."로 의식을 전환해야 한다고 말한다. "나는 할 수 있어.", "나는 부유해.", "나는 강해.", "나는 건강해."와 같은 생각으로 바꾸어야 한다고 말한다.

이 세상의 사람들은 자라면서 가족, 학교, 사회에서 정한 문화적 관습으로 인해 자신의 능력에 한계를 두는 표현과 생각들을 많이 하고 산다. 하지만 저자는 나의 능력은 한계가 없고 나의 목표와 꿈을 남들이 비웃을 정도로 높고 크게 가져야 한다고 말한다. 자신도 학창 시절 꿈꾸었던 꿈은 친구들이 생각하기에 터무니없고 비웃음거리가 될 정도의 꿈이었지만 지금 모두 이루었다고 한다. 나는 이 책을 읽고 내가 지금 처한 상황에서 비관하고 불평을 하지 않기로 했다. 그보다는 앞으로 내가 이루고자 하는 꿈과 목표를 상상하고 외치는 것이 얼마나 중요한지를 깨닫게 되었다. 내 능력의 한계를 결정짓는 것은 부모도, 회사도, 사회도 아닌 오직 내 자신이라는 것을 이 책은 알려준다. 이제는 의심하지 않고 무조건 외치고 상상하기로 결심했다.

불안은 나를 좁은 시야 속으로 점점 끌어들인다. 불안으로 인한 편협한 시야는 마치 눈가리개를 하고 오직 결승점을 향해 달리는 경주마와 같다. 눈가리개를 하고 달리는 경주마는 양옆을 볼 수가 없다. 오직 앞만 보고 달리는 것이다. 내가 달리고 있는 길만 볼 수 있다. 1도만 시야를 확장하면 내 옆에서 달리고 있는 말들을 볼 수 있고 관중도 볼 수 있을 텐데 오직 내 눈에 보이는 것만이 전부라고 생각하고 달릴 뿐이다. 다른 세상이 있다는 것을 알지 못한 채 말이다.

내면이 불안으로 가득 차게 된다면 나는 꼭 눈가리개를 하고 달리는 경주마와 같다. 불안으로 가득한 길만 있다고 믿으며 계속해서 달리게 된다. 마음속 경주마의 눈가리개를 이제 걷어내자. 온전히 걷어내기가 힘들다면 눈가리개의 각도를 조금 넓혀보자. 내가 바라보는 시야는 2배 이상 넓어질 것이다. 그리고 점점 더 확장하여 나의 시야를 180도 확장해 보자.

넓어진 시야만큼이나 나의 불안은 점점 사라질 것이다.

07

불안은 참는다고 저절로 사라지지 않는다

최근에 유근용 작가의 『1日 1行의 기적』이라는 책을 읽게 되었다. 이 책에서 나는 저자가 인용한 초조와 불안을 비교한 대목이 내 마음에 무척이나 와 닿았다.

"초조와 불안의 차이를 아세요?"라고 묻고 불이 켜져 있는 초를 보고 초조와 불안에 대해 설명한 부분이 있었다. 초조는 초 주위의 공기의 흐름처럼 우리 몸 주변 분위기를 몸으로 감지하는 것이다. 불안은 촛불이 켜 있는 상태에서 누군가 선풍기 쪽으로 걸어가는 것을 본다. 아직 선풍기를 켠 것도 아닌데 그 사람이 선풍기를 켤 수도 있다고 느끼는 마음이 불안한 상태라고 설명했다.

불안은 지금 일어나지도 않은 일을 미리부터 짐작해서 마음으로 느끼는 감정이다. 선풍기 쪽으로 걸어갔지만 선풍기 옆의 휴지를 집을 수도 있다. 또 선풍기 옆에 있는 책을 가지러 간 것일 수도 있다. 그러나 불안한 마음이 앞서 선풍기 바람에 촛불이 꺼질 것이라는 것만 생각하게 된 것이다.

나는 아가씨 때부터 자기 관리를 중요하게 생각했다. 조금이라도 살이 찌는 느낌이 들면 바로 집에서 간단히 할 수 있는 운동을 했다. 스트레칭, 훌라후프, 줄넘기, 공원 걷기 등을 하며 관리를 하였다. 그리고 저녁식사는 다이어트식으로 대체하며 내가 할 수 있는 범위 내에서 관리를 하려고 했다. 평상시에도 운동을 좋아해서 요가도 꾸준히 했었다. 나는 결혼을 앞두고 동생에게 이런 말을 한 적이 있다. "내가 만약 애기 낳고 뚱뚱한 상태로 지내면 나한테 살 빼야 된다고 사실대로 이야기해줘야 해. 나 그런 말에 상처받지 않을 테니까 꼭 말해줘!" 내 자신을 객관적으로 바라보지 못하고 현실에 안주해버릴 수 있을 것 같아서 동생에게 미리 부탁을 해놓은 것이다.

아직 아기를 낳지도 않았고 살이 빠질지 안 빠질지 모르는 상황에서 벌써부터 내 마음은 촛불이 선풍기 바람에 꺼지지 않을까 걱정하는 것처럼 불안했다. 임신하고 나는 20kg이나 체중이 늘었다. 인생 최대의 몸무게였다. 사람이 이렇게 순식간에 몸무게가 늘어날 수 있다는 것을 임신 기간에 체험했다. 아이를 낳고 백일이면 원래 몸무게로 돌아갈 수 있을 줄 알았다. 하지만 내 기대는 착각이었다. 안 되겠다 싶은 생각이 들었다. 매일 아이를 재우고 놀이매트 위에서 유튜브 운동 영상 '김쁘마미의 악마의 전신운동, 천사의 전신운동, 스미홈트' 등을 하며 출산 전 몸무게로 돌아가려고 노력하였다. 원래의 몸무게로 돌아가는 데 1년이나 걸렸다. 이런 노력 끝에 드디어 허벅지에서 걸려 안 들어가던 청바지가 허리까지 쑥 들어갔다. 그날은 세상을 다 가진 듯 무척이나 기뻤다. 이제 드디어 나도 출산 전 몸무게로 돌아갔다!!!

아이를 키우며 피부 관리를 하는 것도 여의치 않다. 나는 최소한의 노력으로 집에서 피부 관리를 하였다. 요즘은 내가 원하는 정보를 언제 어디서든 빠르게 찾을 수 있는 시대이다. 유튜브에서 피부 관리에 관한 검색을 조금만 해보아도 다양한 영상이 수없이 많이 나온다. 그중 나는 '유챌유라'라는 채널을 구독하였다. 안면 마사지 영상을 보며 얼굴, 두피 마사지를 수시로 해주었다. 이분은 항상 애쓰지 말고 자연스럽게 나의 몸을 사랑하자고 이야기한다. 마사지를 할 때도 "○○야 사랑해, 오늘도 수고 했어."라고 표현하라고 한다. 신체에 다정하게 말을 걸면서 마사지를 하면 효과가 더 배가 된다고 알려주신다.

마스크 팩을 하면서도 나는 내 얼굴을 사랑스럽게 바라보고 사랑의 손길로 한 번 더 두드려준다. 또 샤워를 하면서도 "현주야, 사랑해. 오늘도 수고했어. 내 팔아, 내 배야, 내 다리야 사랑해."라고 나의 몸을 사랑의 손길로 쓰다듬으며 샤워를 한다.

이런 표현은 익숙하지 않았다. 처음에는 샤워하는 동안 내 자신을 향해 이야기하는 것이 무척이나 어색했다. 여러 번 반복하는 사이 나는 건강하고 날씬한 내 몸을 상상하게 되었다. 이런 과정을 통해서 나는 평생 살이 안 빠질 것 같은 마음속 불안을 날려버릴 수 있었다.

출산 후 한 움큼씩 빠지는 머리카락, 절대 빠지지 않을 것 같은 살, 점점 깊어지는 팔자주름은 나를 한없이 불안하게 만들었다. 그러나 계속 부정적인 생각만 하며 지낼 수는 없지 않은가! 하루에 한 번이라도 몸을 움직이고 스스로 내 몸을 소중히 생각했다. 매일 아침 나를 위해 하루를 보낼 계획을 했다. 운동을 하거나 팩을 하거나 마사지 등을 하며 조금씩 나는 내가 원하는 모습으로 변해갔다.

아이가 자라는 과정도 처음이기 때문에 모르는 것이 많았다. 내가 아이를 제대로 키우고 있는지 매순간 고민이다. 내가 아이에게 하는 행동이 훈육인지 협박인지 그 경계가 모호할 때가 자주 있다. 아이의 잘못된 행동을 부모로서 가르치고 알려주는 과정에서 큰소리가 나온다. 결국엔 아이를 울리게 되는 경우도 생기게 된다.

남편과 나의 육아 방법의 차이에서 아이는 혼란스러운 경험을 하기도 했다. 다 같이 오랜만에 바람도 쐴 겸 인천으로 나들이를 가기로 했다. 집에서 출발 후 한 10분 정도 지났을 때였다. 갑자기 아이는 카시트에서 빼달라고 이야기를 한다. "채원아, 도로에서는 위험해서 카시트를 꼭 해야 해.", "아니야~ 잠깐만 내릴래~.", "채원이 카시트 안 하면 경찰 아저씨가 삐뽀삐뽀 하고 온다~.", "아니야, 아니야~~~."

아이는 카시트 벨트를 풀어 달라고 계속 요구한다. 물론 잠깐 풀어줄 수도 있었다. 하지만 다시 카시트에 앉히기까지 한참이 걸린다. 때문에 어떻게 해서든 계속 카시트에 앉아 있게 하려고 했다. 남편은 그냥 풀어주라고 하고 나는 안 된다고 하면서 서로 의견 충돌이 생겼다. 아이는 울고 남편과 나는 이미 감정이 안 좋았다. 결국 우리의 외출 계획은 틀어져 버렸다. 남편은 집에 가자고 했고 나도 그러자고 했다.

아이와 나, 남편은 융통성 있게 상황을 정리하면 될 일이었는데 왜 이렇게 만들어버렸는지 모르겠다. 아이를 키우면서 여러 가지 상황에 맞닥뜨리게 된다. 나의 감정만 앞세우지 말고 아이의 입장에서 생각해야 했다. 어떻게 하면 아이와 나의 기분이 상하지 않고 지혜롭고 슬기롭게 상황을 이해시킬지를 고민하고 고민하였다. 서형숙 작가님의 『엄마 학교』라는 책을 보았다. 작가님도 말씀하셨다. "늘 아이의 입장에서 생각한다." 아이 자체를 인정하고 아이의 입장이 되어 충분히 배려하면 되는 것이다. 엄마가 되는 과정을 배워야 한다. 아이를 어떻게 대해야 하는지 배워야 했다.

이 책을 읽고 엄마 되는 방법을 배우고 익히는 것의 중요함을 알게 되었다. 공부도 잘하고 싶으면 배워야 하고 운동도 잘하고 싶으면 배워야 하는데 왜 엄마가 되기로 했으면서 엄마가 되는 법을 배울 생각을 안 했는지 모르겠다.

아이를 키우며 항상 내가 잘하고 있는 것인지 불안해했다. 아이에게 "미안해."라는 말도 많이 했다. 하지만 이제 내 안의 불안을 떨쳐버리기 위해 책을 펼친다. 아이의 마음을 누구보다 잘 알아주는 엄마 되는 법을 배우기 위해서. 한 줄 한 줄 읽다 보면 부족한 엄마인 내 모습을 반성하고 또 반성하게 된다.

불안은 불안을 계속해서 생성한다. 불안한 마음을 참는다고 없어지는 것이 아니다. 살찐 내 모습에서 불안을 느꼈다면 살을 빼려고 마음먹자. 1분만이라도 스트레칭을 하다 보면 몸이 개운해지는 것을 경험한다. 이런 작고 즐거운 경험이 쌓이다 보면 몸이 가뿐해지는 것을 경험한다. 마음속 불안도 마찬가지 아닐까? 나는 육아를 잘하고 있는지 궁금하고 불안했다. 그래서 책을 찾았다. 책 속의 내용을 통해 저자처럼 다시 한 번 마음을 다잡고 좋은 엄마가 되기로 마음먹은 것이다. 불안을 붙잡고 힘들어하지 말고 불안을 해소할 자신만의 방법을 하나씩 찾아가야 할 것이다.

08

가난으로 꽉 막힌 인생을 풍요로 바꾸고 싶다

풍요로운 인생의 정의는 사람마다 다를 것이다. 물질적인 풍요를 중요시하는 사람도 있고 정신적인 풍요를 더 가치 있게 생각하는 사람들도 있을 것이다.

나는 지금 풍요로 가득한 인생을 살고 있는지 생각해보았다. 아직은 물질적 풍요도, 정신적 풍요도 이루지 못한 상태인 것 같다. 인생은 내가 마음먹기에 따라 삶을 바라보는 관점이 달라진다는데 아직 나는 정신적 미성숙의 상태가 아닌가 싶다. 하지만 내면의 풍요는 점점 쌓아가고 있는 중이다.

연애 시절부터 남편은 부동산에 무척이나 관심이 많았다. 전국의 아파트 정보를 모조리 다 꿰고 있었다. 서울부터 제주까지 관심 없는 지역이 없었다.

퇴근 후 어느 날처럼 저녁을 먹고 커피숍에 차를 마시러 갔다. 그날도 이런저런 이야기를 하며 데이트를 하였다. 그런데 남편이 나에게 같이 공매를 해볼 생각이 있는지 물어봤다.

'공매?' 나는 공매가 무엇인지도 몰랐다. 경매는 들어본 거 같은데 공매는 도대체 무엇인가? 남편은 나에게 자세히 공매에 대해 설명해주었다. 설명을 듣고 매물로 나온 집을 하나하나 살펴보았다. 익산의 신축 아파트였다. 주변은 다 주택가여서 아파트 단지는 이곳 하나뿐이었다. 부동산을 모르는 내가 봐도 꽤 괜찮은 것 같았다.

꼼꼼하게 매물을 분석한 남편은 돈을 모아서 넣어보자고 했다. 난 그당시 결혼할 때 사용하려고 모아둔 여유자금이 있었기 때문에 충분히 공매를 할 수 있다고 생각했다. 그래서 나는 남편에게 같이 해보자고 했다. 드디어 최저 입찰가를 살펴보고 우리가 쓸 낙찰가를 정하는 시간이었다. 남편은 떨린다고 했다. 나도 도대체 얼마를 써야 낙찰을 받을지 몰랐다. 그래서 남편이 분석한 금액의 가이드라인을 듣고 내가 찍기 신공을 발휘해서 낙찰 금액을 정했다. 지금 생각하면 둘 다 너무 귀여웠다.

결국 우리는 몇 시간 동안 고심한 끝에 적게는 최저 입찰가에서 500원을 더 쓰거나, 많게는 100만 원을 더 써서 5개의 공매를 신청했다. 두근두근한 마음으로 발표 날을 기다렸다. 결과는 상상초월이었다. 우리가 넣은 것 5개 중에서 5개 모두를 한꺼번에 낙찰받은 것이다. 너무 기분이 이상했다. 한 개를 낙찰받는 것도 힘든데 5개가 한 번에 낙찰되다니!!!

나는 낙찰 후의 공매 일정을 자세히 몰랐기 때문에 낙찰받은 상황이 마치 로또에 당첨된 것처럼 마냥 기뻤었다. 하지만 남편은 이때부터 스트레스를 많이 받았다고 한다.

공매 시 입찰 보증금은 최저 입찰가의 10%만 필요했기 때문에 부담이 없었다. 하지만 잔금을 한 달 안에 치러야 하는데 우리에게는 아파트 5채의 잔금을 치를 만한 돈이 없었다. 하지만 '하늘은 스스로 돕는 자를 돕는다'는 말을 믿었다. 방법이 있을 것이라고 생각했다. 우리는 수원과 익산을 수차례 오가며 5개의 아파트를 복등기 방법으로 한 달 만에 모두 팔았다. 그 당시 부동산 시장은 좋지 않았다. 하지만 좋은 매물이었기에 한 달이라는 짧은 기간 안에 5채를 모두 팔 수 있었다.

우리는 5채를 모두 팔았지만 수익은 많지 않았다. 부동산 사장님께서도 매수자에게 "이분들은 남는 것도 없어요."라고 말씀하실 정도였다. 그러면 남편은 "TV라도 살 수 있겠죠."라며 너스레를 떨었다. 그렇게 남편과 나의 웃지 못할 첫 번째 투자로 우리는 1,000만 원이라는 수익을 냈다. 이 돈은 우리에게 엄청 큰돈이었다. 한 달 만에 천만 원을 벌었다는 기쁨에 매일 싱글벙글 웃고 다녔다. 우리는 아파트를 팔아서 번 돈을 결혼자금으로 유용하게 사용했다.

나는 결혼 전부터 이렇게 부동산 운이 좋으니 '남편과 결혼하면 더욱 풍요롭게 잘살 수 있겠구나.'라고 생각했다. 결혼을 하고 한 해 두 해 세월이 흘렀다. 황금처럼 빛났던 우리의 첫 부동산 투자는 그 뒤로 계속되지 않았다. 집값은 엄청나게 폭등하는데 우리는 좋은 기회를 매번 놓쳤다. 그러는 중에도 주변 지인들은 집을 사고 팔며 엄청난 시세차익을 남겼다. 상대적으로 우리는 박탈감을 많이 느꼈다. 부동산에 관심이 없는 것도 아닌데 왜 이렇게 운이 따르지 않을까만 고민했다. '좋은 기회가 또 있을 거야!'라는 다짐은 몇 년째 이어졌다.

나의 지인은 남편과 마트에 갔다고 했다. 일주일 동안 먹을 식재료를 사기 위해 마트에서 장을 보았다. 간단히 양파, 대파, 콩나물, 두부 등 가장 만만한 반찬거리를 골랐다. 생각해보니 집에 검은콩이 똑 떨어져서 잡곡 코너에서 검은콩은 살펴보았다. 적당한 가격의 제품을 들고 카트에 넣었다. 물론 인터넷에서 사면 더 싸게 살 수도 있었다. 하지만 지인은 당장 딸아이가 좋아하는 검은콩이 떨어졌으니 장보러 온 김에 사는 것이 낫겠다고 생각을 했다. 그런데 남편은 "이거 살려고? 인터넷에서 사는 게 더 싼데?"라고 했단다.

지인은 남편의 이 한마디에 무척이나 화가 나고 속상했다고 한다. 그래서 장을 보다 말고 감정이 상했다. 그리고 우울한 기분으로 집에 돌아왔다고 했다. 평상시 알뜰하기로 소문난 남편이었다. 그녀는 가격을 보고 검정콩을 살까 말까 고민했다. 그러나 아이가 좋아하는 것이니 오늘 하루만 그냥 마트에서 사야지 했던 것이다. 이런 고민의 상황이 있었는데 남편이 그것을 몰라준 것에 화가 난 것이다.

부부가 가정을 꾸리고 살림을 해나가면서 서로 의견이 맞지 않는 부분이 많이 있다. 경제적인 부분에서 서로 의견이 많이 다를 수 있다. 나는 지금 이것을 사는 것이 현명하다고 판단하는데 상대는 나와 다른 생각을 가질 수도 있는 것이다. 나의 지인은 당장의 몇천 원을 아끼는 것보다 마트에 온 김에 물건을 구매하는 것이 좋다고 생각한 것이다. 다시 물건을 구매하기 위한 시간을 아끼고자 한 것이었다. 하지만 지인과 남편이 둘다 마음의 풍요, 경제적 풍요를 가졌다면 몇천 원을 아끼는 사소한 문제로 싸우지는 않았을 것이다.

딸은 시집가면 도둑이라는데 요즘 내가 꼭 그 꼴이다. 나는 친정집하고 15분 거리에 산다. 엄마가 "사골국 끓여 놓았으니 와서 가져가라~~." 라고 전화하시면 나는 부리나케 달려가서 사골국, 양지고기, 각종 밑반찬, 과일 등을 모조리 싸들고 온다. 엄마는 하나라도 더 챙겨주시려고 냉

장고문을 열었다 닫았다 무한 반복하신다.

"감 가져갈래? 정서방 이거 먹니? 채원이 요구르트 가져가라~." 딸에게 뭐 하나라도 더 챙겨주시려고 냉장고, 팬트리, 베란다에서 이것저것 꺼내 오신다. 이렇게 싸 가지고 온 음식은 몇 주 동안 우리 가족의 일용할 양식이 된다. 그러면 식비도 적게 들고 우리 집에서 엄마 밥을 먹는 것처럼 기분이 좋다.

친정 엄마는 자신의 딸이 힘들게 밥해 먹는 것이 안쓰럽고 걱정되어서 본인 것을 만들면서 두 배 세 배 더 많이 음식을 만들어놓으신다. 나는 이런 엄마의 사랑이 무척이나 감사하다. 그러면서도 나는 우리 집 살림에 보탬이 되고자 엄마가 챙겨주는 것 이외에도 엄마 집을 샅샅이 뒤져서 필요한 물건들을 몽땅 쓸어온다. 꼭 친정집에 갔다 온 날은 짐이 엄청 많다. 어디 여행이라도 다녀온 것처럼 가방이 수북하다. 가끔은 엄마가 챙겨주지도 않은 것들을 내 스스로 챙겨가지고 나올 때도 있다. 그런 날은 가끔 내 자신이 부끄러울 때도 있었다. 내가 물질적으로 풍족했다면 부모님께 오히려 더 많이 보답을 해드렸을 텐데 아직도 엄마의 그늘에서 못 벗어난 것만 같아 속상하였다.

나는 요즘 내 인생이 풍요로 바뀌려면 무엇을 해야 할 것인가를 생각해보았다. 당장 물질적 풍요를 이룰 수는 없을지라도 마음과 의식은 얼마든지 풍요로 가득 채울 수 있음을 나는 책을 통해 깨달았다. 항상 지금 내가 가진 것에 감사하자. 풍요로운 삶을 살고 있다고 의식하자. 이런 생각이 현재를 가장 풍요롭게 사는 법이 아닌가 싶다.

'나는 풍요롭다.'라고 생각하면 풍요로운 삶을 살 것이고 '나는 왜 이리 가난할까.'라고 생각하면 평생 가난함에서 벗어날 수 없는 것이다. 생각만으로 언제든지 풍요로운 삶을 살 수 있으니 이 얼마나 간단한 방법인가. 나는 오늘도 세상에서 제일 간단한 생각의 변화로 풍요로워지기로 했다.

3장

부정적인 감정에서
벗어나는 10분 독서

매일 한 페이지라도 읽자

누구나 책 읽기의 중요성을 알고 있을 것이다. 부모는 아이가 태어나면서 나보다는 더 나은 삶을 살기를 꿈꾸고 희망한다. 그중 하나가 책 읽기의 즐거움을 가졌으면 하는 마음이 있다. 그래서 신생아 시절부터 초점책을 장난감 대신 보여주기 시작한다. 나도 그랬다. 아이가 책인지 장난감인지 모르게 자연스럽게 아이의 주변을 책으로 세팅해주는 것이다. 어릴 때부터 책을 즐겁게 접할 수 있도록 말이다. 이런 부모의 노력이 있다면 아이들은 거의 대부분 자연스럽게 책을 좋아하는 아이로 자란다. 아이가 특별히 노력하지 않아도 스스로 책을 좋아하고 읽고 싶어 한다.

아이들은 순수하고 백지와 같은 상태이기 때문에 얼마든지 좋은 환경을 제공하면 큰 노력 없이도 자연스럽게 변화를 유도할 수 있다. 하지만 성인들은 어떠한가. 매년, 매월, 매주 다시 계획하고 다짐하기를 수차례 반복한다. 하지만 그동안의 습관을 바꾸기가 여간 어려운 것이 아니다. 운동 습관, 식사 습관, 공부 습관 등은 한 번 잘못 길들이면 새로운 습관을 만드는 데 엄청난 노력과 에너지가 필요하다.

나는 학창 시절에 책 읽기를 즐겨 하지 않았다. 고등학생 때는 학교 수업과 관련된 참고서 및 문제집 이외에는 책을 읽지 않았다. 그 당시에는 나는 '학교 공부만 따라가기에도 시간이 없는데 수업과 관계없는 책을 언제 읽어!'라는 생각이 더 컸던 것 같다. 대학에 가서도 간간히 소설책이나 에세이 류의 책을 읽긴 했지만 책 읽기를 꾸준히 지속하지는 않았다.

내가 책을 꾸준히 읽기 시작한 것은 결혼하고 나서부터이다. 육아서라는 것을 처음 사서 읽어보기 시작했다. 그 뒤로 자기계발서를 많이 읽었고 건강 관련 책들도 조금씩 읽었다. 흔히 책 읽기를 시작하기로 마음을 먹으면 '한 달에 몇 권 읽어야지, 일 년에 몇 권 읽어야지.' 하고 큰 계획을 세우게 된다. 나 역시도 '한 달에 적어도 한 권은 읽어야지.'라는 목표가 있었다. 하지만 한 달에 책 한 권 읽지 못하는 날들이 많았다. 거창하게 목표를 세웠지만 지키지 못했을 때의 실망감은 더욱 커다랗게 다가온다. 그래서 나는 매일 하루 한 페이지라도 읽어보기로 마음먹었다.

나는 외출할 때 책을 2권씩 가지고 다니려고 하였다. 한 권은 육아서나 자기계발에 관한 책, 한 권은 의식 변화에 관한 책을 가지고 다니면서 틈새 시간이 날 때마다 한 페이지 한 페이지씩 읽어 나갔다. '천릿길도 한 걸음부터'라는 말이 있듯이 매일 한 페이지씩 가랑비에 옷 젖듯 조금씩 습관적으로 책을 읽는 것이다.

하루는 출판사에서 무료로 진행하는 아동발달 검사를 하였다. 그날은 검사 결과를 듣기 위해 커피숍에서 ○○출판사 선생님을 만나기로 약속한 날이었다. 난 약속 시간보다 조금 일찍 도착해서 책을 보고 있었다. 선생님과 간단히 발달검사 결과 상담을 하고 아이 양육에 관련된 이야기를 나누었다. 그런데 선생님께서 내 가방에 있는 책을 보시더니 "어머님, 책 좋아하시나 봐요?", "저도 책 좋아하는데 저도 꼭 가방에 책을 가지고 다녀요~.", "무슨 책 읽으세요?" 하고 폭풍 질문을 하시는 것이다.

책을 좋아하는 선생님은 내 가방 안에 있는 책을 보고 무척이나 궁금해하셨다. 우리는 2번째 만남이었지만 책이라는 공통 관심사가 있어서인지 금방 친해졌다. 대화를 하는 내내 선생님은 내 이야기에 격하게 호응하셨다. 결국에는 친한 친구들끼리 이야기하다가 마음이 통하면 서로를 터치하며 이야기하는 수준까지 이르렀다. 선생님은 계속 내 어깨를 치면서 나의 이야기에 맞장구를 치셨다. 그러더니 본인도 깜짝 놀라셨는지 "아이고! 어머니 죄송해요~~."라고 하셨다. 나도 대화가 너무 재미있어서 시간 가는 줄 몰랐다. 서로 다른 목적을 갖고 만난 자리였지만 책이라는 공통된 주제가 있어서인지 즐거운 시간으로 기억되었다.

매일 한 페이지 읽기가 힘든 경우도 있을 것이다. 그럴 경우에 나는 2~3분 정도만 투자해서 하루 한 페이지를 필사한다. 내가 자기계발서를 읽다가 알게 된 책이 있다. 김도사의 『100억 부자 생각의 비밀 필사 노트』라는 책이다. 이 책은 5~10줄 정도의 내용을 오른쪽 여백에 읽고 필사할 수 있게 구성되어 있다. 책은 짧고 간결하게 구성되어 있어서 하루 한 페이지 읽고 필사하는 데 큰 부담이 없다.

나는 필사라는 방법이 책 읽기에 도움이 된다는 것을 잘 알고 있었다. 하지만 책의 한 페이지를 온전히 다 필사하기란 쉽지 않아서 시도하지 않았다. 하지만 이 책을 알고 난 이후부터는 매일 아침 시간이나 저녁 시간 중 여유 시간에 꼭 필사를 한다. 필사한 내용을 곱씹어 보면서 의식을 확장하는 데 도움을 많이 받는다. 어떤 날은 필사하는 데 시간이 많이 소요되지 않아서 2~3페이지씩 욕심을 부리며 필사를 하기도 했다. 하지만 매일매일 하는 것에 의미를 두기 위해 꼭 한 페이지만 필사를 하고 그 내용을 마음에 새기려고 노력한다.

매일 눈으로 책을 읽기가 힘든 사람들의 경우는 나처럼 필사를 해보는 것도 좋은 방법일 것이다. 한 페이지가 글로 빽빽하게 채워진 것을 모두 필사하기 어려울 수 있다. 그러나 짧지만 강력한 메시지가 함축적으로 담겨 있는 글이라면 5분 안에 필사할 수 있다는 생각으로 시도해보는 것도 도움이 될 것이다.

한 달에 1권 책 읽기라는 거창한 목표가 아닌 하루 한 페이지 필사하기와 같은 작은 목표를 세우고 시작해보자. 이 작은 성공이 모여 한 달에 한 권 책 읽기를 자연스럽게 성취하게 될 것이다. 하루 한 번 필사라는 아주 작은 습관이 모여 책 읽기를 즐기는 사람으로 변화될 것이다.

나는 책 읽을 시간이 도저히 없어 책을 읽지 못하는 날도 있었다. 그런 때에는 딸아이의 책을 읽어주는 것으로 나의 독서를 대체한다. 아이도 책 읽기를 무척 좋아한다. 아직 한글을 모르기 때문에 무조건 내가 읽어 주어야 한다. 낮 동안 신나게 놀다가도 잘 시간만 되면 꼭 책을 읽고 싶어 한다. 어떤 날은 내가 너무 귀찮고 힘들어서 "오늘은 그냥 자자."라고 하면 대성통곡을 하며 운다. 그러면 나는 아이와 함께 졸린 눈을 비비며 한 권 한 권 책을 읽는다. 만약 아이가 책을 읽지 않고 잠자리에 든 날은 자다가도 잠꼬대로 책을 읽어 달라고 한다. 어떤 때는 새벽에 일어나 책을 읽다가 다시 잠든 날도 있었다. 내 책은 읽지 못해도 아이 책은 어쩔 수 없이 꼭 읽게 되는 것이다.

이런 날은 책을 못 읽은 것에 연연하지 않고 아이 책을 읽으며 오늘도 책 읽기를 했다고 생각을 전환한다. 이러면 아이도 나도 긍정적인 마음으로 책을 즐기며 읽을 수 있다. 아이들 창작동화나 과학 동화, 전래동화를 보면서 어른의 시각으로 생각해보면 아이들은 미처 생각하지 못한 교훈적이고 감동적인 것들이 많이 있다. 아이와 함께 읽은 책에 관한 이야기도 나누며 정서적 유대감도 쌓을 수 있고 일석이조다.

책 읽기의 즐거움을 알기 전까지 나는 매년 책 읽기를 올해의 목표로 세웠다. 서점에 가서 내가 읽을 만한 책들을 살펴보고 한 권씩 구매하기도 했다. 하지만 책 읽기 목표가 매년 잘 지켜지지는 않았다. 사다만 놓고 펼쳐보지 않은 책들이 아직도 많다. 우리는 다양한 이유로 책을 멀리한다. 고등학생 때는 '대학생만 되면 지긋지긋한 교과서, 참고서, 문제집은 거들떠보지도 않을 거야!'라고 생각했다. 대학생이 되어 조금 시간적 여유가 생겼지만 친구들과 맛있는 것 먹으러 다니고 즐기느라 책을 멀리했다. 직장인이 되어서는 고된 업무로 인해 집에 가면 씻고 쉬어야 한다는 생각으로 책을 등한시했다. 하지만 나는 엄마가 되고 아이를 키우면서 책이라는 소중한 보물을 다시 만나게 되었다. 책 속에서 나를 위로하는 글을 만나고, 책 속에서 긍정과 희망을 발견하였다. 매일매일 한 페이지씩 책과 함께하는 삶은 나를 더 단단하고 강하게 만들어주었다.

매일 한 페이지 읽기를 실천하기 위해 각기 다른 주제의 두 권의 책을 가지고 다닌다. 편안한 장소에서 틈새 시간에 책 읽기를 해보는 것을 추천한다. 책 읽기가 힘든 분들은 하루 한두 문장 짧은 글을 필사하는 것도 책과 친해지는 좋은 방법이다. 아이가 있는 어머니들 같은 경우는 아이와 함께 동화책을 읽으며 책 읽기 습관을 들이는 것도 도움이 될 것이다. 하루하루 작지만 꾸준히 책을 접하면서 책이 주는 즐거움을 느껴보길 바란다.

나는 식사 준비하며 10분 독서를 한다

나는 꼼꼼한 성격이다. 학창 시절에도 공부하기 전에 모든 참고서와 필기도구를 책상에 쫙 세팅해놓고 공부를 시작했다. 모든 일을 시작하기 전에 철저한 준비가 되어야 움직이는 스타일이었다. 그렇다고 공부를 잘 했던 것은 아니다. 진짜 중요한 학습에 집중하기보다 학습하기 전의 준비 과정에 힘을 뺐었다. 또 여행을 가더라도 갑작스럽게 떠나기보다는 사전조사를 다하고 아침부터 저녁까지 스케줄을 시간 단위로 세운 다음에 출발하는 스타일이었다. 그렇게 하면 여행을 가서 낭비되는 시간 없이 알차게 여행을 즐길 수 있다고 생각했다. 좀 피곤한 스타일이다. 하지만 요즘은 그렇지 않다. 그냥 숙박과 비행기 표만 끊고 떠난다. 그날그날의 컨디션에 따라 여행 스케줄을 즉흥적으로 짠다.

책 읽기 역시 나의 이런 스타일 때문에 책 읽을 공간과 시간과 분위기가 완벽히 세팅되면 책을 펼쳤다. 이런 3박자가 완벽하게 갖춰진 상황은 자주 발생하지 않기 때문에 책 읽기를 시작하기가 힘들었다. 하지만 나의 고정 관념을 깨고 일상생활 속에 발생하는 아주 작은 여유 시간만 있어도 책을 읽기로 생각을 바꾸었다. 생각해보면 우리가 하루 종일 바쁜 것은 아니다. 나 같은 경우는 아이가 어린이집을 가고 나면 여유 시간이 있고 아이가 잠들고 나서도 여유 시간이 있다. 하지만 가끔 아이를 재우다 내가 먼저 잠들어버리는 경우도 많다. 이럴 땐 아침 일찍 일어나서 나만의 시간을 확보하는 것도 좋다. 이때 책 읽기를 하며 에너지를 충전하는 시간으로 사용할 수 있는 것이다. 물론 밀린 빨래와 설거지, 식사 준비, 청소, 아이의 등원 준비 등으로 눈코 뜰 새 없이 바쁘지만 그중에 10분 정도의 여유 시간은 분명히 있을 것이다. 이 귀한 10분이라는 시간을 책 읽기 활동으로 보낸다면 삶이 훨씬 풍성해질 것이다.

우리 집은 종종 통삼겹살을 사다가 오븐에 요리해서 먹는 걸 좋아한다. 나도 이 요리를 할 때 너무 좋다. 왜냐하면 진짜 간단하기 때문이다. 트레이더스에 가면 수육용 돼지고기를 3kg 정도로 판매한다. 이 돼지고

기를 사다가 길쭉하게 통삼겹살 모양으로 썬다. 소금, 후추, 올리브 오일, 간마늘 등을 고기에 골고루 바른다. 오븐에 넣고 180도로 1시간 30분 정도 구우면 맛있는 통삼겹 오븐구이가 된다. 오븐에서 꺼냈을 때의 냄새와 비주얼에 감동하게 된다. 먹기 좋게 착착 썰어서 접시에 담으면 다른 반찬 없이도 근사한 식사를 할 수 있다. 음식점에서 사온 느낌이다.

이 요리는 오븐에 넣기 전 전처리를 하고 1시간 30분을 기다리기만 하면 요리가 완성되는 것이다. 물론 중간에 고기를 뒤집어주기는 해야 한다. 하지만 내가 이 요리를 좋아하는 이유는 바로 손이 많이 가지 않아서이다. 오븐이 알아서 구워주기 때문이다. 삼겹살처럼 불판 앞에 하루 종일 서서 이리저리 뒤집어가며 굽지 않아도 된다. 삼겹살은 먹는 내내 고기 굽는 사람이 힘들게 한 장 한 장 구워야 한다. 하지만 이 요리는 오븐에 넣어놓고 여유롭게 기다리기만 하면 된다. 만약 오븐이 없다면 요즘 많이 사용하는 에어프라이기에서 조리할 수도 있다.

식사 준비를 하고 있지만 여유 시간이 생기는 것이다. 이때 나는 고기가 맛있게 익기를 기다리며 책을 펼친다. 10분보다 더 많은 시간 동안 여유롭게 책을 읽을 수 있다. 중간에 급한 집안일이 생겨도 1시간 30분 중 책 읽을 시간 10분은 무조건적으로 생긴다. 10분 동안에 3~4페이지 많게는 6~7페이지를 충분히 읽을 수 있다. 여유로운 식사 준비와 마음의 양식을 쌓는 일석이조의 시간이다. 집안에는 맛있는 음식 냄새가 풍기고 내 마음은 삶의 지혜와 지식이 쌓이는 행복한 순간이다.

　나에게 책 읽기 시간을 갖게 해주는 또 다른 요리는 삼계탕이다. 이것 역시 노동 대비 결과가 훌륭한 요리다. 프라이팬에 무언가를 볶거나 굽는 요리는 손이 많이 간다. 그리고 자칫하면 기름이 사방에 튀어서 뒷정리하는 데 시간과 노력이 많이 들어간다. 또 요리 중에 기름이 얼굴이나 손, 팔에 튀면 참 불편하고 아프다. 그래서 나는 되도록 이런 과정이 없는 요리를 좋아한다. 그중 하나가 삼계탕이다. 삼계탕 역시 통삼겹살 오븐구이처럼 정말 간단하다. 닭을 사서 씻고 불순물을 제거하고 찹쌀을 닭 배 속에 넣는다. 각종 한약재를 첨가한 후 압력밥솥 뚜껑을 닫는다. 가스레인지에 올려두고 40분에서~1시간 정도 조리하면 끝이다. 진짜 간단하지 않은가! 뚜껑을 열면 뽀얀 국물이 우러나온 삼계탕을 만나게 된다. 조리가 끝나면 맛도 좋고 영양도 있고 모양까지 멋진 한 그릇 요리가 금방 탄생한다. 압력밥솥 추가 올라올 때까지 맘 놓고 책을 읽을 수 있다. 거의 30분이라는 시간을 확보하게 되는 것이다.

　주부들에게 식사 준비 시간이 얼마나 바쁘고 힘든지 누구보다도 잘 안다. 하지만 바쁜 식사 준비시간 중에도 나만을 위한 독서 시간을 만드는 연습을 해보자. 나처럼 손이 많이 안 가는 요리를 몇 가지 정해놓고 조리 시간에 독서를 해보는 것이다. 처음에는 쉽지 않을 것이다. 중간중간 조리가 잘 되고 있는지 확인하다 보면 독서의 흐름이 끊길 수도 있다. 그러나 흐름이 끊기면 끊기는 대로 다시 시작하면 된다. 내가 공부할 때 완벽하게 준비되지 않으면 시작하지 못했던 것처럼 책도 읽을 분위기가 완벽하게 세팅이 된 다음 읽어야 한다는 부담감은 내려놓길 바란다.

한두 줄 밖에 읽지 않았는데 급한 일이 생겨 책을 덮게 되더라도 괜찮다. 나 역시 책을 읽다가 아이가 "엄마, 같이 놀자." 하며 손을 잡고 끌어당기면 아이와 함께 시간을 보내느라 책을 한두 줄 읽다가 마는 경우가 수없이 많았다. 그러나 다시 여유가 생기면 끝난 지점부터 다시 편하게 읽으면 된다.

독서를 라디오를 듣는 것처럼 편안하게 생각해보자. 우리가 라디오를 틀었을 때 꼭 시작 시간에 맞춰서 틀지는 않는다. 운전하다 자연스럽게 라디오를 틀었는데 그때 사회자의 말이나 음악이 흘러나오면 아무렇지 않게 편안하게 듣게 된다. 책도 그렇게 자연스럽게 아무 때나 펼쳐서 읽어보자.

또 다른 방법은 국이나 찌개를 끓일 때이다. 김치찌개, 미역국 등은 오래 끓일수록 깊은 맛이 난다. 우리 집은 국과 찌개를 자주 먹지 않는다. 가끔 찌개와 국을 끓이게 되면 재료를 준비해서 냄비에 넣고 꽤 오랫동안 조리를 하게 된다. 이 시간도 역시 10분 이상은 된다. 모든 식사 준비를 마치고 국과 찌개만 조리하고 있다고 가정한다면 맛있게 국과 찌개가 익어가는 시간에 간단히 책을 펼쳐볼 수 있다.

식사 준비 시간 동안은 이해하기 쉽고 술술 읽히는 책들 위주로 독서를 하는 게 좋을 것이다. 나 같은 경우는 육아서를 많이 봤다.

오늘 하루 나는 아이에게 어떤 말을 했는지 어떤 표정이었는지, 아이에게 상처주는 말을 하지는 않았는지를 돌아볼 수 있게 해주는 지침서 같은 것이다. 서형숙 작가의 『엄마 학교』라는 책에는 "내 아이가 좋은 아이로 자랐으면 하고 바란다면 내가 그만큼 아이에게 좋은 대접을 해주면 된다. 또 내가 먼저 좋은 엄마가 되면 된다."라는 글이 있다. 나는 이 말을 마음에 새기고 좋은 엄마가 되자고 다짐해보았다. 작가님께서 '아이에게 좋은 대접을 하라고 하셨지.' 하며 다시 한 번 생각한다.

책 속의 좋은 문구나 지침 등은 부족한 나에게는 최고의 선생님이었다. 글을 읽고 생각하고 적용하는 과정에서 물론 시행착오가 있다. 아이에게 한없이 좋은 엄마가 되는 것도 아직은 무척 부족하다. 하지만 목적지를 알고 가는 것과 목적지를 모르고 가는 것에는 큰 차이가 있을 것이다. 아이를 양육할 때 어떠한 가치관을 가지고 키우는지는 매우 중요하다. '좋은 부모가 되자.'라는 가치관으로 아이를 양육하면 중간중간 샛길로 빠지더라도 잘못된 것을 바로 알아차리고 올바른 길을 찾아갈 것이다. 책은 나에게 나침반과 같은 역할을 하였다. 매일 바쁘고 정신없는 하루 속에서 하루 10분의 독서를 통해 나처럼 책속의 육아 선생님을 만날 수도 있고 재테크, 자기계발 멘토를 만날 수 있다.

10분이라는 시간은 하루 24시간, 1,440분 중 매우 짧은 시간이다. 나는 집에서 아이를 챙겨서 현관문에서 나와 엘리베이터를 타고 차에 태워 시동을 걸고 출발하는 데 딱 10분이 걸린다. 우리 집이 고층이라서 시간이 오래 걸린다. 10분이라는 시간은 이렇게 후다닥 지나가버린다. 그렇지만 10분 동안 많은 일을 했다. 아이 신발을 신긴다. 마스크를 씌워준다. 엘리베이터를 탄다. 아이를 차에 태워 카시트에 앉히고 벨트를 해준다. 벌써 나열한 행동만 4가지나 된다. 이 사이사이 더 많은 활동들이 있지만 큰 활동들만 작성해본 것이다.

10분이라는 시간은 우리가 헛되이 보낼 시간이 아니다. 하루에 10분만 의식적으로 책 읽는 습관을 길러보자. 나는 주부이기 때문에 식사 준비 하면서 10분을 유용하게 사용하고 있다. 그 외에도 직장인들은 점심식사 후 10분, 아침 출근 전 10분, 퇴근 후 10분만 책 읽기에 투자한다면 놀랍도록 많은 양의 책을 읽을 수 있을 것이다. 의식적으로 10분을 나의 지식과 지혜를 쌓고 책을 통해 힐링하는 시간으로 만들어보자. 하루 1440분 중 10분이다. 114회 중 1번이다. 딱 1번만 책을 펼쳐보자.

우울하거나 화가 날 때 책을 읽자

우리는 살면서 "나 우울해."라는 말을 무의식중에 많이 사용한다. 굳이 우울증에 걸리지 않았더라도 말이다. 어떤 이들은 회사에서 상사에게 안 좋은 이야기를 듣고 우울해한다. 나이의 앞자리가 2에서 3으로 3에서 4로 바뀌면서 우울하다고 말한다. 아니면 애인과 헤어져서 우울하다고 말하기도 한다. 우울하다는 표현은 우리들 입에서 자주 내뱉어지는 말이다.

화가 나는 것은 어떠한가. 최근 뉴스를 보면 층간 소음으로 인해 참을 수 없는 화를 주체하지 못하고 비극적인 사건이 일어난다. 길거리에서

'묻지 마 폭행'을 하는 기사들도 수없이 많이 보도된다.

최근 이런 일도 있었다. 코로나로 인해 모두들 집 안에서만 지내다 보니 매우 힘들다. 최근 도로가 마비될 정도로 눈이 많이 내렸었다. 사람들은 함박눈이 반가워서 어른, 아이 할 것 없이 눈사람을 만들고 즐거운 시간을 보냈다. 인터넷에는 사람들이 만든 다양한 눈사람 사진들이 많이 올라왔다. 색다른 눈사람을 보며 사람들은 즐거워했다.

그런데 며칠 뒤 누군가 정성스럽게 만들어놓은 눈사람을 아무 이유 없이 마구 부숴버리는 것이다. 본인의 재미를 위해 부순 것인지 아니면 그냥 화가 나서 부순 것인지는 모르지만 부서진 눈사람을 보니 내 마음은 매우 씁쓸하였다. 그들은 자신들의 화를 누군가를 헤치거나 자신과 상관없는 물건을 훼손하는 것 등으로 표현하였던 것이다.

나는 독서 모임에서 이런 말을 한 적이 있었다. "저는 요즘에 화가 나면 책을 읽어요." 이런 이야기를 하자 다들 깜짝 놀랐다. "현주 씨, 진짜 책을 좋아하나 봐?"라고 했다. 내가 내면적으로 힘들거나 화나는 상황이 생기면 요즘은 책을 펼친다. 전에 읽었던 내용을 다시 살펴보거나 아니면 새로운 책을 읽는다. 화가 났다고 해서 심리 서적이나, 감정 치유 서적 종류의 책을 굳이 찾아 읽지는 않는다. 평상시에 읽었던 책을 똑같이 읽는 것이다. 그러다 보면 두근거리던 마음이 가라앉고 안정되는 느낌이

든다. 텍스트를 눈으로 따라가다 보면 내용을 다 흡수하지 못하더라도 신기하게 마음은 차분해지는 경험을 하였다.

하루는 남편과 엄청나게 크게 싸웠다. 아이가 자다 새벽에 침대에 소변 실수를 한 것이다. 자다가 놀란 아이는 "엄마, 나 쉬 했어~."라고 이야기했다. 나는 아이가 "엄마."라고 부르자마자 1초도 안 되서 벌떡 일어났다. 아이를 일으켜 젖은 내복과 속옷을 벗기고 화장실에 데리고 가서 씻겼다.

옷을 챙겨 입고 다시 아이를 재우려는데 자고 있던 남편은 "왜 기저귀를 안 채워!"라고 이야기를 했다. 아이는 45개월이 훨씬 지난 상태였고 5세였다. 대소변을 가려야 하는 시기였고 아이는 기저귀를 싫어했기 때문에 하지 않았던 것이다. 그런데 밤마다 소변 실수를 하는 아이를 두고 나에게 기저귀를 안 채운다며 화를 내는 것이다.

이것이 발단이 되어 말싸움이 시작되었다. 걷잡을 수 없이 엄청나게 싸웠다. 그것도 자다가 새벽에……. 아이는 울고 나는 심장이 두근거렸다. 더 이상 이야기하는 것은 의미가 없는 것 같아서 방문을 잠가버렸다.

아이를 간신히 달래서 재우고 나는 화장대 앞에 앉아 거울을 보았다. 그때 내 눈앞에 책 한 권이 있었다. 조성희 작가의 『어둠의 딸, 태양 앞에 서다』이다. 그 즈음 내가 읽고 있었던 책이었다. 두근거리는 심장은 책을 한 페이지 한 페이지 읽어나가면서 점점 안정이 되었다. 책을 읽지 않고 멍하니 화장대 앞에 앉아 있었다면 나는 어땠을까? 한없이 초라한 내 모습을 자책하거나 남편을 엄청나게 미워하고 증오했을 것이다. 그런 부정적인 기운은 내 마음속에 들어와서 걷잡을 수없이 퍼져나갔을 것이다. 마치 투명한 물에 검정 잉크가 떨어져 퍼져나가듯이. 하지만 책을 읽음으로써 나는 마음의 안정을 찾고 내면을 다스렸다. 그리고 책을 통해 지식과 지혜까지 함께 얻을 수 있었다.

아이들은 항상 호기심이 충만하고 에너지가 넘친다. 우리 아이도 마찬가지다. 딸은 활동적인 놀이를 무척 좋아한다. 짐볼에 올라가서 엄마 손잡고 점프하기, 소파 등받이에 올라가서 멀리뛰기 놀이, 침대에서 뛰기 등 보통 뛰어노는 활동을 무척 좋아한다.

하루는 침대에서 놀다가 아이가 침대 난간에 부딪혔다. 본인도 무척 놀랐는데 울지도 않고 배를 잡고 낑낑 대고 있는 것이다. 나는 너무 놀라 "채원아 괜찮아?", "많이 놀랐지?"라고 하자 아이는 그제야 참았던 눈물을 흘리며 엉엉 울었다. 다행히 아이는 많이 다치지 않았고 금방 울음을 그쳤다. 금세 얼굴 표정이 밝아졌다. 나는 아이에게 "위험한 행동을 하다가 다칠 뻔했잖아. 다시는 이렇게 위험한 행동은 하지 않는 거야."라고 일러주었다.

아이는 여전히 천방지축으로 뛰어다니며 놀았다. 집 안에서 잡기 놀이를 하다가 이번에는 식탁에 부딪혔다. 아이는 큰소리로 울고 나는 아이가 많이 다치지 않았는지 살펴보다가 아이에게 큰소리를 냈다. "엄마가 조심하라고 했지? 뛰어다니면 안 되는 거야!" 아이는 식탁에 부딪혀서 아프기도 한데 엄마한테 혼나니깐 더 서러웠나 보다. 눈물, 콧물이 범벅이 되어 꺽꺽거리며 한동안 울었다. 나도 아이한테 미안해서 꼭 안아주며 "엄마가 소리 질러서 미안해."라고 사과를 했다.

아이들은 당연히 실수하면서 자라는 것인데 경험을 통해 자라나는 아이들이라는 것을 잘 알지만 순간적으로 이렇게 화를 내버렸다. 아이들은 부모의 사랑만 있으면 그 사랑을 먹고 올바르게 자란다고 한다. 육아를 하다 보면 내가 원했던 부모의 모습이 이런 것은 아니었는데 하며 자책하게 된다. 아이를 사랑으로 감싸고 누군가를 다치게 하는 행동이 아니라면 혼내지 말고 아이와 대화를 통해 알려주자고 매번 다짐하고 다짐했다. 그러나 아직 내가 미성숙한 부모인지 이런 다짐은 금방 깨져버린다.

법륜 스님의 『엄마수업』이란 책이 있다. 법륜 스님은 너무 유명하셔서 예전부터 〈즉문즉설〉이라는 방송을 많이 보았다. 그런데 아이가 없을 때는 〈즉문즉설〉을 듣다 보면 스님의 이야기가 '너무 뻔한 이야기 아닌가?'라는 생각이 많이 들었었다. 결국 해결책은 '내가 변해야 하고 나의 문제라는 거잖아!'라는 결론이 무척이나 식상했다.

그런데 아이를 낳고 법륜 스님의『엄마 수업』책을 읽었더니 예전과 달리 스님의 말씀을 몇 번이고 곰곰이 생각할 만큼 내 마음에 무척 와닿았다. "엄마가 이리저리 흔들리고 불안정하고 내 마음대로 안 된다고 성질 내면서 아이를 키우면 아이도 엄마처럼 불안정하고 분노가 많은 사람이 된다."는 글을 읽는데 너무 무서웠다.

아이가 잘 자라는 첫째 조건은 부모의 사랑이고 그중 주된 양육자인 엄마의 마음에 영향을 많이 받는다고 이야기하신다. 책을 읽다 보면 가정의 중요성, 엄마의 중요성에 대해서 많은 생각을 하게 한다. 오늘 하루 아이에게 온전한 사랑을 주었는지 반성하게 된다.

우울하거나 화가 날 때 사람들은 어떤 방법으로 이런 감정을 해소할까? 검색 창에 '우울할 때'라는 단어를 써보니 우울할 때 먹는 음식, 우울할 때 듣는 음악, 영화, 책 등 다양한 연관 검색어가 나온다. 맛있는 음식을 먹으며 기분 전환을 할 수 있다. 아름다운 음악을 듣거나 영화를 보며 나의 감정을 다스리는 사람들도 있을 것이다. 나는 이런 여러 가지 방법들 중에 책을 읽는다. 책을 통해 나의 부정적인 감정을 다스리려고 노력하였다. 책을 읽으면서 저자의 생각과 나의 생각을 비교해본다. 그리고 내가 알지 못했던 세상을 알아가는 재미도 있었다. 내가 경험하지 못한 것을 책을 통해 간접 경험하며 그들의 지혜와 지식을 책 한 권을 통해 손쉽게 얻을 수 있어서 나는 책을 펼친다. 우울함, 화나는 감정은 상대방

때문이 아니었다. 결국 나의 마음에 의해 발생하는 것이었다. 책은 나에게 나를 다스리는 방법을 알려주었다. 수행이 따로 필요 없다. 책을 통해 나 스스로를 단련하고 수행하는 것이다.

욱하는 마음이 솟구칠 때 책을 읽자

당신은 하루에 몇 번이나 욱하는 마음이 솟구쳤는가? 회사를 다니는 직장인들은 업무로 인해 상사에게 싫은 소리를 들었을 수도 있다. 아니면 얄미운 동료나 후배 때문에 욱하는 마음이 생길 수도 있다. 사업하는 사람들은 어떤가? 직원 관리, 거래처와의 이해관계, 아니면 손님들의 컴플레인으로 인해 욱하는 마음이 들 것이다.

나는 현재 주부이다. 주부는 가정에서 멀티플레이어가 되어야 한다. 아침부터 밤까지 퇴근도 없다. 잠을 자는 동안에도 마음 편히 잠을 잘 수 없다. 집안에서 제일 먼저 일어난다. 그리고 아침 준비를 한다. 그런데 전날 저녁에 마무리하지 못한 설거지나 빨래 더미가 눈앞에 보인다면 갑자기 욱하는 마음이 든다. 한숨부터 나온다. '어제 치우고 잘걸!' 아침부터 어수선한 주방과 거실은 내 마음에 빨간불을 켜지게 한다. 괜히 남편 탓도 한다. '이것들이 눈에 안 보일까……?'라는 생각을 하며 기분이 좋지 않다.

일단 주방에 들어가서 간단하게 아침을 준비한다. 아침 시간은 누구에게나 촉박한 시간일 것이다. 얼른 간단히 먹을 한 그릇 식사를 준비해서 아이를 깨운다. 아이는 꿈틀거리며 몸을 움직인다. 한 번, 두 번, 세 번 아이 이름을 부르고 재차 일어나라고 이야기한다. 그제야 아이는 졸린 눈을 비비며 일어난다. 일어나서 소변을 보고 세수하고 양치하고 옷을 입힌다.

여자아이라 옷을 입는 데도 많은 시간과 에너지가 필요하다. 먼저 팬티에 그려진 캐릭터가 자기 마음에 들어야 한다. 날씨와 상관없이 원하는 옷을 입으려고 하면 아이와 이야기를 해서 다른 옷을 입도록 한다. 양말도 아이가 원하는 것으로 고른다. 이제 드디어 머리만 묶으면 방에서 나가 아침을 먹을 수 있다. 머리를 묶는 것도 한참이다. 아이는 엄마가 원하는 모양으로 머리를 묶거나 엄마가 선택한 머리끈으로 머리를 묶는 것을 용납하지 않는다. 양 갈래로 머리를 묶는다면 오른쪽, 왼쪽 2개씩 머리끈이 필요하다. 하나하나 아이가 고르는 머리끈으로 묶어줘야 한다. "채원아, 여기는 어떤 색으로 할 거야? 골라 봐."라고 말하고 아이가 고르기까지 5초 이상은 걸린다.

이렇게 깨워서 씻기고 입히고 머리까지 완벽히 세팅된 다음 밥을 먹으러 식탁으로 간다. 밥을 먹으면서도 아이는 이야기 듣고 싶다, 책 읽고 싶다, 동영상 보고 싶다 하며 여러 가지 요구를 한다. "식사 시간에는 식사만 하고 밥 다 먹고 하자."라고 말해도 아이는 고집을 부리며 밥을 먹는 둥 마는 둥 한다.

아침에 일어나 아이만 챙겨서 식사하는 것까지 한 것인데 벌써 진이 빠진다. 밥을 안 먹는 아이를 보면 슬슬 화가 난다. 몸을 비비 꼬거나 입안에 음식을 넣고 삼키지 않고 있으면 나도 모르게 "정채원 꼭꼭 씹어서 꿀꺽해야지!"라고 욱하게 된다. 부랴부랴 식사를 마치고 겉옷을 챙겨 입고 신발 신고 차에 태워서 어린이집에 데려다준다. 일어나서 어린이집까지 가는 데 두 시간 정도의 시간이 흘렀다. 이 시간 동안 나는 몇 번이나 욱하였는지 모른다.

집에 와서 한숨을 돌린다. 그리고 '아이한테 조금 더 잘해줄 것을.'이라고 자책한다. 이때 내 마음에 딱 와 닿는 책 한 권이 있다. 엄마들의 육아 멘토 오은영 박사의 『못 참는 아이 욱하는 부모』이다. 욱하는 부모라는 제목에 무척 끌린다. '나처럼 욱하는 부모가 많이 있구나. 그러니 이런 책까지 쓰셨겠지.'라는 생각에 반가운 마음이다. 책은 부모의 '욱'이 아이의 감정 발달에 엄청난 부정적 영향을 미치고 추후에 아이의 문제 해결 능력까지 떨어뜨릴 수 있다고 경고한다. 아이는 부모가 욱하면 당장은 부모의 말을 듣는 것처럼 보이지만 마음속 불편함이 언젠가는 폭발하게 된다고 했다. 내가 큰소리로 이야기할 때 주눅들어 있던 아이 얼굴이 떠올랐다. 아이가 마음속으로 얼마나 힘들었을까 생각하니 가슴이 미어진다. 책을 읽어 보고 아이에게 욱했던 지난날들이 주마등처럼 스쳐 지나간다. 내 아이의 감정 주머니를 내 감정 쓰레기로 채워주고 있었다고 생각하니 끔찍했다.

아이에게 엄마는 우주나 다름없는 존재이다. 아이는 어떠한 상황에서도 충분히 사랑받고 있다는 감정을 느끼게 해줘야 하는데 그러지 못한 것 같아 미안하다. 책을 읽고 다시 나의 마음을 다스려본다. 티 없이 맑고 순수한 아이에게 내 못된 감정을 전달하지 않겠다고 다짐한다. 언제나 사랑만 보내겠다고 말이다.

보통 자신의 주변 환경 안에서 불편한 감정이 생기거나 화가 날 것이다. 직장인은 직장에서의 업무나 인간관계로, 학생은 학교에서의 학업과 친구들과의 관계 때문에 스트레스가 생긴다. 아니면 가장 가까운 가족관계 안에서 불편함이 발생할 수 있다.

결혼 후 나는 새로운 인간관계에 대해서 많이 알아간다. 아내로서의 역할, 엄마로서의 역할, 며느리로서의 역할, 남편과 친정 사이에서 중간자로서의 역할 등 이 모든 상황이 나는 처음이다. 직접 부딪히면서 배워 나가기에는 에너지와 감정 소모가 많다.

결혼한 사람들이라면 배우자와의 갈등을 한 번쯤은 겪었을 것이다. 크고 작은 갈등은 그때그때 적절히 해결하며 다시는 같은 일이 발생하지 않도록 해야 한다. 조심해야 할 것들을 이야기하며 서로 개선해야 할 것이다. 그런데 이런 것들이 생각만큼 쉽지 않다.

회사는 분기별로 실적 보고를 하여 이번에 부족한 점을 파악한다. 다음 분기 어떻게 하면 더 좋아질 수 있을지 계획하고 실천 방법을 생각해본다. 그러나 회사처럼 가정에서 이런 시간을 갖기는 조금 어렵다. 물론 우리 가정의 행복과 미래를 위해 정기적인 가족회의를 하는 가정도 있을 것이다.

나는 부모님, 형제자매가 아닌 누군가와 함께 생활해본 적이 처음이었다. 친구들 중에는 대학에 진학하고 기숙사 생활을 하거나 자취방에서 룸메이트와 지내는 친구들도 있었다. 또 직장 생활을 하면서 숙소에서 지내는 친구들도 있었다. 친구는 룸메이트와 지내면서 여러 가지 트러블이 있었다고 이야기했다. 혼자 살지 않는 이상 상대방과 한 공간에 있는 것은 꽤나 신경 쓰이는 일이다. 상대가 불편하지 않게 배려하고 조심해야 하는 것이다. '나는 이렇게 하는 게 편하니 네가 맞춰라.'라는 식의 이기적인 생각은 상대방을 무시하는 행동이다. 그로 인해 화가 나게 되는 것이다.

남편과 나는 깔끔함을 생각하는 방식에 차이가 있었다. 둘 다 깔끔한 것을 좋아하지만 그 분야가 너무도 달랐다. 나는 물건이 제자리에 정돈되어 있는 것을 깔끔하다고 생각했다. 그래서 아침에 일어나면 침대의 이불과 베개를 깔끔하게 정돈한다. 그리고 사용한 물건들도 바로바로 제자리에 가져다 놓는다. 외출하고 들어와서도 옷이나 핸드폰, 차키, 마스크 등을 제자리에 두려고 한다. 아이에게도 하원하고 집에 오면 가방과 옷을 제자리에 놓고 벗은 옷가지들도 세탁할 것과 옷장에 걸어야 할 것 등을 분류할 수 있게 알려준다.

그런데 남편은 이런 정돈을 힘들어했다. 아무리 이불을 정리해라, 옷은 옷장에 걸어두어라 해도 하루 이틀 정도 하다가 다시 원상태로 돌아온다. 나는 이것 때문에 욱하는 마음이 수없이 많이 생겼다. '왜 이런 것을 잘 못할까? 이게 어려운 일인가?'라는 생각이 든다. 그래서 계속 이야기하면 잔소리 한다고 생각하니 '그냥 내가 치우고 말지.'라는 생각으로 치우고 있지만 치우는 내내 마음속 화는 겉으로 드러난다. 혼잣말로 또는 툴툴거리는 행동으로 표출되고 만다. 그러면 나의 이런 모습을 본 남편은 내가 매일 불평불만을 많이 하는 사람이라고 생각하게 된다. 악순환은 계속해서 이어진다.

그에 반해 남편은 다른 깔끔함이 있다. 주유하러 가면 무조건 비닐장갑을 껴야 한다. 비닐장갑을 꼈어도 주유소에서 결제한 카드는 차에 들어와서 꼭 물티슈로 한 번 닦아야 한다. 집에 와서는 그 카드를 물로 한 번 또 닦아야 한다. 물론 요즘 코로나로 인해 다들 개인 방역에 철저하게 신경 쓰지만 우리 남편은 코로나 전부터 이런 습관이 있었다.

한번은 시누이가 우리 집에 놀러 와서 화장실에 일렬로 세워져 있는 카드들을 보고 "오빠가 이렇게 해놓은 거예요~?" 하며 웃었던 일이 있었다. 외출했다 들어오면 무조건 샤워부터 한다. 씻어 놓은 컵도 다시 한 번 물에 씻어서 사용한다. 이런 것들이 나는 너무 과하다고 생각했다.

그래서 그런 행동들을 할 때면 '깔끔한 성격이라서 너무 좋다.'라기보다 '저렇게까지 해야 하나.'라고 생각했다. 남편이라서 더 그런 생각을 했던 것 같다. 만약 다른 제 3자가 하는 행동이었다면 '우와! 엄청 깔끔하네. 저렇게 세세한 것까지 신경 쓴단 말이야.' 이렇게 생각했을 것이다.

이렇게 다른 성향의 사람이 만나 결혼을 하고 한 공간에서 생활하다 보면 매번 같은 일로 자주 부딪치게 된다. 상대방에게 내 생각을 이해시키려고 하고 상대방을 내 생각대로 고쳐보려고 노력한다. 그러는 과정에서 싸움이 발생하는 것이다.

나는 손정연 작가의 『상처 주는 것들과의 이별』이라는 책에서 아침 밥 때문에 이혼을 고려하는 부부의 사례를 보았다. 남편은 당연히 아침밥을 차려줘야 한다는 입장이고 여자는 아침에는 피곤해서 절대 차려줄 수 없다는 입장이었다. 작가는 합리적 정서행동 치료의 창시자 앨버트 엘리스의 이론을 바탕으로 이 사례를 해석했다. "타인에 대한 '반드시~해야만 한다.'는 식의 당위적 요구와 기대는 완벽하게 실현되는 것이 불가능한 비현실적인 것들이다."라고 설명한다. 나의 요구를 "타인이 따르지 않았을 경우 실망, 좌절, 배신 같은 마음의 상처를 입을 수 있을 뿐 아니라 타인에 대해서 분노와 적개심 같은 공격적인 정서를 갖게 된다."라고 한다.

나는 그 동안 내가 당연하다고 생각하는 것을 상대에게 당위적으로 요구한 것이 아닌가 생각해보았다. 그것이 지켜지지 않았을 때 타인에게 실망을 하게 되었고 그것은 분노와 화라는 공격적인 정서를 갖게 했었던 것 같다. 당연한 것은 없다. 이제 반드시 이래야 한다는 당위적 생각을 걷어내는 연습을 해야 하겠다.

05

책을 읽으며 느끼는 감정을 메모하자

학창 시절 누구나 자신만의 공부 방법이 있었을 것이다. 나는 교과서를 읽고 공책에 필기한 내용을 바탕으로 공부를 했다. 그리고 문제집을 풀면서 내가 알고 있는 것과 모르는 것을 파악하며 공부를 했다.

내 친구 A는 무척이나 공부를 잘하는 친구였다. 누가 봐도 완벽하고 깔끔하게 노트 필기를 하는 친구였다. 글씨도 너무 잘 썼다. 이 친구는 거의 1등을 도맡아했다. 어느 날 우연히 친구의 교과서를 보았다. 무척이나 깔끔했다. 낙서라고는 하나도 없고 밑줄도 자를 대고 친 듯이 깨끗했다. 구불구불한 선이 하나도 없었다. 내가 "네 책은 엄청 깨끗하네?"라고 물어보자 친구는 "나는 책에 낙서하는 게 제일 싫어. 나는 책장 넘길 때도 구기지 않아."라고 하는 것이다. 나는 친구의 말을 듣고 '책을 깨끗이 보고 깔끔한 노트 필기가 공부 비법이구나.'라고 생각했다.

한편 B라는 친구는 A라는 친구와는 완전히 다른 공부 스타일이었다. 중간고사 기간에 내 오른쪽에 앉은 친구는 전날 공부를 다 못 했다면서 시험 시작 전까지 무척이나 열심히 벼락치기로 공부를 하였다. 시험 시작 10분 전, 시험에 나올 만한 내용을 서로 질문하고 답하며 공부한 내용을 살펴보고 있었다. 그런데 나는 친구의 교과서를 보고 깜짝 놀랐다. 단어 단어마다 동그라미가 빽빽하였다. 그리고 교과서 문장마다 모두 밑줄이 그어져 있었다. 나는 친구 교과서에 쓰여진 글자를 도저히 알아볼 수 없었다. 이 친구는 교과서에 밑줄 긋고 동그라미를 치고 여백에는 메모를 하며 공부를 한 것이다. 드디어 시험이 끝났다. 책을 깔끔히 본 친구도 시험을 잘 봤고 책에 여러 번 밑줄 긋고 동그라미까지 그리며 공부한 친구도 시험을 잘 보았다.

나는 그동안 책은 더럽히지 않고 깨끗하게 보고 공부해야 한다고 생각했는데 B라는 친구를 보고 생각이 조금 바뀌었다. 어떻게 공부하는 것이 더 효율적인지 딱 잘라 말할 수는 없지만 나는 이때의 경험으로 책을 무조건 깨끗하게 보는 것만이 좋은 것은 아니라는 것을 알았다.

세상에는 독서법에 관한 수많은 책들이 있다. 나도 책을 쓰면서 독서와 관련된 책을 많이 읽었다. 많은 책에서 책을 깨끗하게 보지 말라고 이야기한다. 밑줄을 긋던지, 별표를 하던지, 책장을 접으면서 독서를 하라고 이야기 한다.

정소장 작가의 『퇴근 후 1시간 독서법』, 『몸값 높이는 독서의 기술』에서는 메모의 중요성에 대해서 강조한다. 책을 깨끗이 읽으면 깨끗이 잊히기 때문에 책에 메모를 하라고 강조한다. 메모를 하는 것은 뇌에 자극을 주는 행위이기 때문에 메모를 함으로써 기억을 하게 된다는 것이다. 책을 끝까지 읽었지만 책장을 덮었을 때 내 머릿속에 남는 것이 하나도 없었던 경험이 있을 것이다. 나 역시 책을 읽었지만 하루만 지나도 무슨 내용이었는지 기억나지 않은 경험이 많았다.

동생이 내 책장에 꽂힌 이나모리 가즈오의 『생각의 힘』이라는 책을 보더니 "언니, 이 책 내용이 뭐야?"라고 물어보았다. 나는 이 책을 읽었음에도 불구하고 "생각하는 힘이 중요하다는 거지 뭐."라고 말해버렸다. 책 제목을 그대로 말한 것이나 다름없다. 지금 생각해도 너무 부끄럽다. 책을 읽었지만 책 내용을 기억하지 못하는 독서는 시간 낭비일 뿐이다. 이렇게 나처럼 책을 읽고 시간 낭비하는 수고를 하지 않기 위해서는 무조건 책에 메모를 해야 한다. 책을 읽으며 느끼는 나의 감정을 한 단어로라도 작성해야 한다.

나는 아무리 작가들이 책의 여백에 책을 읽고 느껴지는 감정이나 떠오르는 생각을 적으면서 독서를 하라고 조언해도 좀처럼 잘 되지 않았다. 책을 읽다가 마음에 와 닿는 문장이 있으면 밑줄은 그을 수 있었다. 별표를 치기도 하고 동그라미를 그리며 중요 표시도 할 수 있었다. 하지만 글을 읽고 내 생각을 메모한다는 것이 쉽지 않았다. '무슨 생각을 적으라는 것이지? 이렇게 넓은 여백을 어떻게 활용하라는 것일까?' 하고 고민하였다.

나는 요즘 김도사의 『하루 10분 글쓰기의 힘』이라는 책을 읽고 있다. 이 책은 짧은 이야기를 여러 개 소개한다. 그 짧은 이야기 뒤에는 독자에게 내용과 관련된 질문을 한다. 아니면 독자가 느끼는 감정을 메모할 수 있게 여백을 제공한다.

책을 읽고 메모를 해야 한다는 중요성을 알긴 했다. 하지만 정작 어떠한 방법으로 해야 하는지 어려움을 느꼈다. 그런데 이 책을 통해서 책을 읽고 내 감정, 내 생각을 글로 표현하는 연습을 하게 되었다. 그중 한 쪽지인 '시련 뒤에 가려진 희망'이라는 부분을 읽고 내 생각을 표현해보았다.

나는 이렇게 썼다. '시련과 고통에 집중하지 말자, 앞으로 비춰질 무지갯빛을 상상하자. 희망을 갖고 상상하자.'라고 메모를 해보았다. 또 다른 메모는 '더 나은 내일이 있다. 고통의 끝은 분명히 있다. 하루하루 더 밝게 빛난다. 눈부신 미래가 펼쳐진다'로 내 느낌과 생각을 적어보았다.

　책 속의 명언이나 강조된 문장들도 독서를 하다 이렇게 메모해보기도 했다. "누군가가 미워지거나 싫어질 때, 그를 온전히 사랑해야 할 때입니다."라는 문장이 있었다. 나는 '미워질 때가 온전히 사랑해야 할 때라…… 이해가 되는 듯하면서도 안 되는 것 같다.'라고 메모해보았다. 눈으로만 읽기보다는 떠오르는 생각을 마구 자연스럽게 메모해보자.

　내가 책을 읽기만 하고 메모하지 않았다면 의도적으로 긍정적인 생각을 하려고 했을까? 나의 현실 상황만 바라보고 불안해하거나 불평불만만 늘어놓았을 것이다. 하지만 책을 읽고 책 속에서 내 삶을 긍정적으로 바라보는 문장들을 떠올려본다. 그리고 그것을 내손으로 한 글자 한 글자 써내려간다. 그러면 나의 마음과 생각은 긍정적인 감정으로 바뀌었다. 마음의 풍요와 행복이 가득해지는 것 같은 느낌이 들었다.

　나는 후지모토 사키코의 『돈의 신에게 사랑받는 3줄의 마법』이라는 책을 읽었다. 저자는 3줄 노트 쓰기를 통해 한 달 수입 100만 원에서 1억 4천만 원으로 인생의 대반전을 이룬 사람이었다. 나는 작가의 놀라운 경험에 흥미를 느끼고 책을 읽었다. 3줄만 쓰면 인생의 대반전을 이룰 수 있다는 것인가? 작가는 아주 간단한 방법이라고 말한다.

　첫째, 관찰 ─ 지금의 나를 직시한다.

둘째, 감정-지금의 감정을 오롯이 느낀다.

셋째, 결정-원하는 세계의 설정을 정한다.

이렇게 간단히 '설정 변경'을 하고 노트에 적기만 하면 된다고 이야기한다. 하지만 설정 변경만으로 뭐든지 이룰 수 있다는 저자의 방법이 나에게는 어렵게만 느껴졌다. 글을 읽으면서도 완벽히 이해가 안 됐다. 내가 실천하기에는 복잡한 느낌이 들었다. 그래서 저자가 이야기하는 비법을 활용하지 못했다.

그 뒤에 나는 비슷한 종류의 책을 알게 되었다. 고이케 히로시의 『2억 빚을 진 내게 우주님이 가르쳐준 운이 풀리는 말버릇』이라는 책이다. 책 제목부터 너무 재미있지 않은가. 제목을 보자마자 너무 읽고 싶어졌다. 이 책의 저자도 2억 빚을 졌지만 운이 풀리는 말버릇으로 인해 2억 빚을 갚고 행복하게 살게 된 이야기를 재미있게 적은 책이었다.

이 책에서 소개하는 방법은 여러 가지가 있었다. '안 팔리네. 안 팔려.'처럼 부정적인 말은 표현하지 않는다. 이루고자 하는 것이 있다면 완료형으로 말한다. '빚을 갚고 싶습니다.'가 아니라 '빚을 갚았습니다.'로 말하라고 한다. '감사합니다.'를 5만 번 외치면 인생이 바뀌고 누구나 행복해질 수 있다.

나는 책을 읽으면서 내가 원하는 소원을 여백에 완료형으로 작성해보

있다. "멋진 집을 샀습니다." 그리고 "감사합니다. 자주 외치자."라고 써 놓았다. 그 뒤로 나는 자주 "감사합니다."를 혼잣말로 많이 외쳤다. 계수기를 사용하여 숫자를 세어가며 운전을 하는 중에 많이 외쳤다. 아이 등·하원할 때, 약속 장소에 갈 때 등 수시로 이야기했다. 3분이면 '감사합니다.'를 500번 할 수 있었다. 이렇게 책을 읽고 마음에 닿는 문장과 방법들을 메모하고 실생활에 적용하면서 내 삶이 달라지기를 바랐다.

책을 읽는 방법은 다양하다. 하지만 메모하지 않고 읽는다면 머릿속에 남는 것이 없다. 내가 읽었던 책이지만 생전 처음 보는 느낌이 들 수 있다. 책을 읽으면서 본인만의 생각과 느낌, 그리고 책 속의 내용 중 실천하고자 하는 부분들이 있다면 여백에 간단히 적어보자. 깨끗하게 읽은 책은 책 읽기 노동을 한 것이나 다름없다. 더 이상 시간과 노력을 허비하는 일은 하지 않았으면 좋겠다. 책을 읽고자 하는 목적은 다들 비슷할 것이다. 책을 통해 좀 더 나은 내가 되고자 하는 마음이다. 나 역시 그렇다. 나는 책을 읽고 부정적인 생각을 끊고 다른 인생을 살고 싶었다. 그래서 긍정적인 메시지를 메모하고 내 삶에 적용해보았다. 아직 그렇다 할 반전 인생은 아니다. 하지만 나는 이렇게 행복한 감정으로 내 책의 원고를 쓰고 있다. 그리고 훨씬 멋진 삶을 살 수 있을 것이라는 확실한 믿음이 있다.

06

책을 읽고 감사 일기를 써보자

우리는 평상시 "감사하다."라는 말을 얼마나 자주 사용하는지 생각해 보자. 보통 우리들은 '힘들다, 짜증난다, 화난다, 미치겠다.'라는 단어들을 많이 사용한다. 이런 단어들 뒤에 '죽겠다.'라는 말도 많이 붙여서 사용한다. '바빠 죽겠어, 힘들어 죽겠어, 짜증나 죽겠어.' 등등 말이다.

운전을 하는 사람들은 내 앞으로 갑자기 끼어드는 차가 있다면 자기도 모르게 욱하는 마음에 욕을 해본 적이 있을 것이다. 나도 운전 중 매너 없이 운전하는 사람들을 보면 가끔 욕이 나오곤 했다. 욕을 뱉고 정신 차리고 나면 '내가 왜 욕을 했지? 취소 취소!!' 하는 때도 있었다.

2016년 tvN 〈꽃보다 청춘 아프리카〉라는 프로그램이 있었다. tvN의 〈꽃보다 할배〉 시리즈의 연장선으로 이번에는 멋진 청춘들의 여행 프로그램이었다. 류준열, 안재홍, 고경표, 박보검 등의 출연진들이 나왔다. 이들은 〈응답하라 1988〉 드라마에서 엄청난 인기를 얻은 배우들이었다. 이들이 〈꽃보다 청춘 아프리카〉에 나온다고 하니 다들 기대감이 엄청났다. 나도 예고편을 보고 빨리 본방송이 되기를 무척이나 기다렸다. 예고편에서 보여준 푸른 하늘과 끝없이 펼쳐지는 사막의 모습은 정말 아름다웠다. 거기다 멋진 꽃미남들도 나오니 눈이 호강하는 듯했다. 드디어 본방송이 시작되었고 4명의 배우들의 좌충우돌 여행기는 유쾌하고 재미있었다. 멋진 아프리카의 배경과 다양한 동물들은 화면에서 눈을 뗄 수 없게 만들었다. 출연진 한 명 한 명마다 각자의 캐릭터가 있었지만 나는 박보검이라는 배우가 무척 인상적이었다. 물론 잘생기기도 해서 〈응답하라 1988〉 때부터 팬들이 많았다. 나 역시도 〈응답하라 1988〉 드라마 때부터 좋아했다.

〈꽃보다 청춘 아프리카〉에서 박보검은 4명 중 제일 막내였다. 형들의 보살핌을 받으며 여행을 하는 내내 "감사하다!"라는 말을 달고 살았다. 형들이 물을 건네줘도 "감사합니다.", 차를 타고 여행하는 동안에도 뜬금없이 "감사하다."라고 말했다. 자동차 시계가 잘못된 것을 안재홍이 고쳐주니까 "감사합니다."라고 1초의 망설임도 없이 말하는 것이다. 나머지

출연진들은 하도 박보검이 '감사하다'고 말하니 우리 이러다 "감사병 걸리겠어."라고 말했다. 결국에는 우리가 여행 온 자체도 감사하고 지금 사막을 달리고 있는 것도 감사하다며 다같이 "감사하다."라고 외치게 되었다.

그 당시 방송을 보면서 박보검이 현재 주어진 상황을 모두 감사로 생각하고 감사하다를 자주 표현하는 것을 보고 약간은 오글거렸던 것이 사실이다. 박보검뿐 아니라 나중에는 다들 감사하다고 합창을 하는데 무척 어색했다. '방송국에서 작가들이 박보검 캐릭터를 순수하고 착한 캐릭터로 일부러 묘사하는 건가?'라는 의심이 들었다. 그랬을 수도 있겠지만 나는 이 방송을 보고 많은 생각을 했다. 내가 인생을 살아가면서 나의 주어진 삶을 100% 감사하다고 느끼며 살아간 적이 얼마나 있을까……. 부모님이 아직 내 옆에 계신 것, 아이와 남편이 내 옆에 있는 것, 하루하루 아프지 않고 건강하게 살아가는 것, 추위를 피할 수 있는 따뜻한 집, 차만 타면 어디든 갈 수 있는 자동차를 가지고 있는 것! 모두 항상 당연해서 감사함을 잊고 지냈던 것들이다. 이것들 모두가 나에게는 감사한 일들이었는데 말이다.

나는 책에서 읽은 내용을 꾸준히 실천했다. 직접 수기로 작성하는 것이 더 좋을 수 있지만 어느 때고 바로바로 작성할 수 있다는 장점에 나는 핸드폰에 감사 일기를 작성했다. 책 읽기를 하면서 간간히 나는 친정엄마와 같이 주식을 했다. 어머니가 퇴직을 하신 후 집에서 있는 시간이 무료하시다며 주식을 시작하셨다. 그 후 나도 같이 어머니와 함께하게 되었다. 어머니가 증권 방송을 보고 공부해서 종목을 선정해서 주시면 나도 작게나마 조금씩 주식을 샀다. 주식을 산 후에도 '나는 주식을 할 수 있는 여윳돈이 있다.'라고 감사 노트를 썼다. 그리고 수익이 나면 '주식에 투자해서 오늘 24,000원을 벌었다. 너무 기분이 좋다.'라고 작성했다. 이렇게 꾸준히 작성하자 나에게 주식이라는 새로운 수입원이 생겼다. 10,000원만 수익이 나도 너무너무 기쁘고 행복했는데 점점 더 많은 수익이 발생하는 것이다.

물론 작년에 주식시장이 너무 좋았기 때문에 아무거나 사도 다 올랐다고 하지만 나는 그렇게 생각하지 않는다. 그렇게 좋은 기회여도 내가 잡지 않을 수 있었기 때문이다. 그리고 내가 스스로 주식을 매수, 매도하면서 수익을 낸 것은 처음이었기에 너무 신기하고 재미있었다. 내가 가진 것에 감사함을 느끼다 보니 계속해서 감사할 일들이 줄줄이 발생했다.

아이와 마트나 쇼핑몰에 갈 일이 있을 때도 나는 항상 생각한다. 이렇게 복잡한 주차장에서도 내가 주차할 완벽한 자리가 있다고 생각한다. 한번은 롯데 아울렛에 쇼핑을 갔다. 주말이어서 그런지 들어가는 입구에서부터 매우 혼잡했다. 아울렛은 주차장이 다른 곳에 비해 넓은 편이었는데도 벌써 만차 상태였다. 아이와 나는 "우리 자리가 있다."라고 함께 외치며 주차장으로 들어갔다. 주차장은 정말 빽빽하게 주차된 상태였다. 잘못하면 주차를 못 하고 나가야 할 상황이었다. 그런데 우리의 외침 때문이었는지 우리 바로 앞에서 주차된 차가 출차하는 것이 아닌가! "오예!"라고 외치며 바로 주차를 했다. 그것도 여러 층을 헤매지 않고 주차장에 들어와서 바로 첫 번째 층에서 주차를 한 것이다.

이날도 역시 나는 감사 노트를 썼다. '혼잡한 쇼핑몰에서 주차를 바로 했다. 주차를 바로 할 수 있어서 감사하다.'라고 말이다. 그 뒤로도 나는 복잡한 쇼핑몰을 가더라도 미리부터 생각한다. 내가 주차할 수 있는 자리가 있다고 말이다.

내가 경험한 이 이야기를 지인에게 이야기했더니 자기도 그런 경험이 있다고 했다. 본인은 남자친구랑 강남에서 데이트를 자주 하는데 식사를 하기 위해서 차를 끌고 한 건물에 들어가고 있었다. 남자친구는 "이 건물은 주차하기 엄청 힘든 곳인데."라고 했다. 그러면 지인은 "아니야, 내 자리는 항상 있어."라고 했단다. 그럼 여지없이 복잡한 건물에서도 꼭 주차할 수 있는 공간이 있었다고 한다. 복잡하기로 소문난 강남에서 이런 일이 여러 번 반복되자 남자친구는 이상하게 생각했다고 한다. 자기가 주차하려고 할 때는 매번 자리가 없어서 고생을 했는데 여자친구가 주차할 때는 매번 주차 자리가 있다는 것이 엄청 신기하였다고 한다. 그녀도 생각의 힘, 감사의 힘을 이미 알고 생활 속에서 실천하고 있었던 분이었다.

감사라는 것은 거창한 것이 아니다. 밥을 먹는 순간도 감사이고, 샤워를 하는 순간도, 커피를 마시며 잠시 휴식을 취하는 것 모두가 감사이다. 나는 이런 간단한 진리를 책을 통해 깨닫게 되었다. 현재 내가 가지지 못한 것만을 갈구하며 갖지 못한 자신을 한심하게 생각하거나 우울한 기분으로 살아가는 사람들이 많이 있다. 나 역시 지금도 아직 갖지 못한 것을 여전히 갈구한다. 하지만 나에게 있는 것, 내가 가지고 있는 연필 하나, 컵 하나, 이렇게 글을 쓸 수 있게 도와주는 노트북조차도 감사하게 생각하고 감사 일기를 적어나가다 보면 뜻하지 않은 일들이 계속해서 일어나게 된다. 그래서 나는 언제나 나에게 주어진 모든 것들을 감사하게 생각하기로 마음먹었다. 박보검처럼 말이다. 인생 자체가 감사인 것처럼 살아가기로 했다.

07

자존감 향상에 도움이 되는 책을 읽어라

자존감이 높은 사람들은 매사가 당당하고 활기차다. 스스로를 괜찮은 사람이라 믿는 마음. 그것이 자존감이라고 한다. 얼마나 많은 사람들이 스스로를 괜찮은 사람으로 생각할까? 우리는 어려서부터 수많은 경쟁을 경험하며 살아왔다. 1등은 무조건 한 명뿐이다. 10명 중에 1등이든, 100명 중에 1등이든 그중 1명만 일등을 한다. 학생 때는 학교 성적이 좋고 공부 잘하는 아이들이 자존감이 높을 수 있다. 좋은 대학에 진학하거나 번듯한 직장에 취업하는 것도 자존감 상승에 도움을 줄 수 있을 것이다. 나는 그동안 이런 외부적인 요소들만이 우리의 자존감을 키우는 데 영향을 미친다고 생각하였다.

나는 내가 자존감이 높은 사람인가를 생각해보았다. 나는 자존감이 썩 높지 않았다. 매일 나의 부족함을 생각하며 살았다. 학생 때는 '공부를 더 잘했으면…' 하고 생각했고 대학에 갔을 때도 '더 좋은 대학을 나왔으면 좋았을 텐데…'라고 생각했다. 직장 생활도 결혼해서도 온전히 내 자신을 완벽하게 괜찮은 사람이라고 생각한 적이 없었던 것 같다.

아이를 키우면서도 내가 지금 아이를 잘 키우고 있는 것인지 끊임없이 고민했다. 아이가 조금만 아파도 내가 무엇을 잘못해서 이 어린아이가 아픈 건가 자책했다.

2018년 5월 31일 아이는 17개월이었다. 그날은 아이 컨디션이 좋지 않아 저녁을 거의 먹지 못하고 분유만 먹고 잠이 들었다. 아이가 잠든 것을 확인하고 나도 침대에 누워 잠이 들었다. 그런데 아이의 꺽꺽 소리에 놀랐다. 일어나서 아이를 보았다. 몸을 튕기고 눈동자도 돌아가고 입에서는 침과 피가 뒤섞여 흐르고 있었다.

처음 보는 광경에 너무 놀라 소리를 질렀다. 머릿속이 하얘졌다. 너무 놀라서 119라는 말도 안 나왔다. 그리고 어떤 조치를 취해야 할지도 도저히 감이 안 왔다. 그 당시 다행히 친정 식구들이 같이 있어서 119에 신고를 해줬다. 아이와 함께 구급차를 타고 응급실로 갔다. 병원에서는 단순 열성경기라고 했다. 경기를 한 번만 하는 아이들도 있지만 한두 번 정도 반복할 수 있으니 주의 깊게 살펴보라고 당부하셨다. 그 뒤로 딸은 경기를 두 번이나 더 했다. 그때마다 너무 걱정되고 나를 자책하게 되었다.

친정 엄마는 나도 어릴 때 경기를 했다고 하셨다. 내가 경기를 했기 때문에 우리 아기가 경기를 하는 건가라는 생각에 너무 미안하고 속상했다. 나 때문인 것 같은 생각이 들었다. 아이가 잠들었을 때 옆에서 보살펴야 했는데 잠들어버린 내가 너무 원망스러웠다. 그때는 아이가 아픈 게 꼭 나의 잘못인 것 같았다.

2016년 12월 아이가 태어나 지금까지 육아를 하며 5년의 시간이 흘렀다. '전업맘'으로 지내는 동안 온전히 아이를 키우면서 나의 역할은 엄마였다. 엄마의 역할을 하는 중에도 계속해서 내가 아이를 제대로 키우고 있는지를 의심하고 또 의심했다. 아이는 엄마의 감정을 먹고 자란다는데 나는 언제나 아이에게 기쁨과 감사, 사랑을 전해줬는지 의문스러웠다. 아이의 소심한 행동을 보면 '나 때문인가. 내가 내성적인 성격이라서 그런가.'라는 걱정도 하였다.

김미경 작가의 『엄마의 자존감 공부』는 "나와 아이의 행복을 위해 엄마가 자존감 공부를 해야 한다. 생명이 커나가는데 가장 중요한 감정이 자존감이다. 자존감 있는 아이를 키우는 것은 부모만이 할 수 있다. 자존감이 없는 부모는 아이에게 자존감을 줄 수 없다."는 저자의 말이 너무 무서웠다. 나에게 없는 것을 아이에게 물려줄 수 없다는 말이다. 아이는 부모의 뒷모습을 보고 자란단다. 나의 뒷모습은 어떠한지 다시 생각하게 되었다. 우리 아이가 자존감이 낮은 나의 뒷모습을 보고 있는 건 아닐까? 엄마의 자존감은 나를 위해서도 우리 아이를 위해서도 꼭 필요하다고 생각했다.

주변 지인들 중에는 아이를 키우면서 자기의 커리어를 쌓아가는 엄마들이 많이 있다. 경제적인 문제로 인해 맞벌이를 하는 경우도 있지만 진짜 내가 하고 싶은 일을 하는 엄마들도 많이 있다. 몇 년 동안 가정에 있다가 다시 사회로 나간다는 것이 무척 두렵고 어려운 일이다. 내가 집에 있는 동안 사회는 엄청나게 변하였다. 그런 사회에 다시 적응하는 일이 부담스럽고 걱정된다. 하지만 열정을 가지고 도전하는 것이다.

친구는 몇 년 전부터 취업을 하고 싶어 했다. 아이는 이제 5살이 되었고 이제 뭐라도 해야 될 것 같다면서 무엇을 해야 할지 고민된다고 했다. 주부들이 많이 응시하는 공무원 시험에 도전해볼까, 아니면 공인중개사 자격증을 준비할까를 고민하였다. 그런데 도전하는 것이 쉽지 않았다.

그렇게 2년이 지났다. 작년 12월 말쯤 친구에게 연락이 왔다. "현주야 잘 지내?", "너무 오랜만이다. 그동안 네 생각 많이 했는데 연락을 못 했네~." 친구는 작년 말부터 사회복지사 자격증을 취득하기 위해 온라인 강의를 듣고 있었다고 한다. 그런데 어느 날 새벽, 아이를 재우고 취업 사이트에서 구인 공고를 보았다고 한다, '내가 될까?'라는 생각으로 2곳에 이력서를 넣었는데 한 곳에서 합격 했다는 연락을 받았단다. 전 직장 퇴사 후 7년 만에 올해 1월부터 출근을 하게 되었다고 했다. 나는 친구가 몇 년 전부터 일하고 싶어 했던 사실을 알고 있었다. 그래서 친구의 재취업을 내 일인 듯 무척 축하를 해주었다.

사람들은 자신의 능력을 과소평가하고 절하한다. '내가 어떻게 그런 걸 해. 나는 못 해. 내가 무슨 재주로 하겠어. 나는 한 번도 해본 적 없는데.' 해보지도 않고 안 된다는 생각을 많이 한다. 나 역시 그랬다. 무대뽀 정신이 없었다. 그래서 지금까지의 인생을 돌아봤을 때 큰 실패도 없고 좌절도 없었던 것 같다.

하지만 큰 실패와 좌절이 없었음에도 불구하고 나의 자존감은 바닥이었다. 내가 할 수 없는 것들만 생각하고 나에게 없는 것, 가지지 못한 것만 동경하고 부러워했다. 어린 시절에는 친구네 집에 있는 멋진 장난감이 부러웠고, 대학 때는 어학연수 가는 친구들이 부러웠고, 직장 생활을 하면서는 연봉 높은 친구, 결혼해서는 더 넓은 집에서 살고 있는 지인들이 부러웠던 것 같다. 그야말로 질투투성이었다. 내가 갖지 못한 것을 가진 다른 이들을 질투하는 자존감 낮은 그런 아이였다.

작년 나는 오랜만에 후배를 만났다. 오랜만에 사석에서 만난 우리는 그동안 못 한 이야기를 하느라 시간가는 줄도 몰랐다. 내가 결혼을 하고 아이를 낳아 키우면서 느꼈던 이런저런 이야기들을 하면서 즐거운 시간을 보냈다. 후배와 헤어지고 카톡이 왔다. "언니, 오늘 오랜만에 만나서 너무 좋았어요. 언니랑 좋은 이야기 많이 해서 즐거웠어요."

후배와의 만남은 나도 무척이나 즐거웠다. 마냥 개구쟁이인 줄 알았던 후배가 그동안 내면적으로 많이 성장한 것 같아서 나도 놀랐었다. 그런데 그 후배도 나와의 시간이 즐거웠다고 하니 나도 무척 행복했다. 그날 나는 후배와 건설적인 이야기를 많이 했다. 결혼 생활은 서로를 많이 이해해야 한다. 내 자신을 잘 돌보아야 한다는 등의 이야기였다.

나는 책을 읽으면서 점점 내 자신을 알아가는 중이다. 질투투성이에 항상 내 능력을 과소평가하던 나였다. 나는 요즘 웨인 다이어의 『확신의 힘』을 읽고 있다. 생각을 현실로 바꾸는 마음의 힘, 확신을 알려주는 책이다. 저자는 '나는~이다.'라는 말이 대단히 중요하다고 말한다.

평상시 나는 부정적인 말을 많이 사용하고 부정적인 생각을 많이 했었다. 하지만 책을 읽고 지금보다 더 성장할 내 모습을 상상하는 법을 알게 되었다. '나는 할 수 있어.', '나는 강해.', '나는 행복해.', '나는 능력 있어.'와 같은 말을 생각하고 말을 한다. 그동안 내 자신을 과소평가했던 과거에서 이제는 내 마음, 일, 세상을 완전히 내가 원하는 것으로 바꾸기 위해 표현을 바꾸기로 했다. 이런 말들이 나의 평범하고 자존감 낮은 자아를 비범한 사람으로 변화시켜줄 것이라고 믿는다.

08

의식을 확장하는 독서를 하자

당신은 하루 중 무슨 생각을 가장 많이 하는가? 나 같은 경우는 '오늘 주식장이 좋을까? 오늘 날씨가 어떨까? 오늘 점심에 뭐 먹지? 점심 때 친구랑 어디서 밥 먹을까? 아이가 집에 오면 뭐 해 먹일까? 마트에서 필요한 것 사야 하는데, 계절이 바뀌는데 옷장 정리 좀 해야겠다, 청소랑 빨래도 해야 하는데.' 등 오늘 당장 해야 할 일들을 생각하였다.

직장인이라면 회사의 업무, 학생이라면 학과에 관련된 과제나 친구들과의 관계 등을 생각한다. 주부는 집안일들과 아이를 돌보는 것과 관련

된 일을 생각하며 하루를 보낼 것이다. 우리가 하루하루 생각하는 것들이 큰 차이 없이 비슷할 것이다.

하루는 친구들과 브런치 모임이 있었다. 서울에서 유명하다는 식당이 수원에 오픈했다고 해서 일찌감치 예약을 했다. 다 같이 브런치를 먹으러 식당에 들어갔다. 우리는 일찍 예약한 덕에 창가 자리로 안내를 받았다. 식당 인테리어며 식기, 테이블과 의자 등 모든 것이 너무 예쁘고 아기자기한 곳이었다. 사람들은 다들 사진을 찍기 바빴다. 우리는 미리 메뉴를 공부하고 왔다. 샐러드, 스파게티, 피자, 음료수 등을 다양하게 시켰다. 차례로 음식이 나오고 테이블에 예쁘게 세팅이 되었다. 일단 식사를 하기 전 예쁜 음식 사진을 찍고 음식을 먹기 시작했다.

음식이 나오자마자 친구는 "우와, 너무 예쁘다, 진짜 예쁘다."라고 감탄했다. 음식을 한 입 먹으면서도 "진짜 맛있다. 너무 좋다. 행복하다. 여기 오길 잘했다." 등 긍정적인 표현을 엄청나게 했다. 나는 음식을 먹을 때 "맛있네." 정도로 표현하는 데 친구는 지금 느끼는 행복한 감정을 모두 쏟아냈다. 피자, 스파게티, 샐러드를 먹을 때마다 매번 그렇게 맛있다고 했다. "그릇도 너무 예쁘지 않니? 주스도 엄청 맛있다. 어쩜 이렇게 예쁘게 세팅했을까?"라고 이야기한다. 그리고 이 집 샐러드가 어떻게 만들어졌는지까지 세세하게 이야기하며 "그래서 이렇게 맛있는 거다."라고 설명해주었다.

이 친구는 항상 어떤 음식을 먹든지 그 순간 행복한 감정을 솔직하게 바로바로 표현한다. 맛있는 음식을 먹으면서 느끼는 행복감을 입으로 표현하는 것이다. 그런데 나는 이런 친구의 행동이 무뚝뚝한 나와는 달라서 친구의 행동을 여러 번 관찰하였다. 즐거운 표정과 온몸으로 표현하는 행동 등은 보는 사람도 기분 좋게 했다. 옆에서 같이 먹고 있는 나 역시도 음식이 더 맛있게 느껴지고 기분까지 좋아졌다. 같이 커피만 마셔도 너무 기분이 좋았다. 평범한 커피인데도 더 풍미가 느껴지고 훨씬 고소하게 느껴졌다.

다른 한 친구와는 같이 쇼핑을 하면 카드 하나를 사더라도 "이렇게 귀여울 수가 있을까, 너무 예쁘다, 진짜 잘 골랐다. 너무 잘 샀다."라고 표현하는 친구가 있다. 이 친구 역시 앞서 이야기한 친구처럼 내가 필요한 물건 하나를 사는 거지만 내가 지금 사게 된 물건으로 인해 느껴지는 행복한 마음을 여러 가지 표현으로 다양하게 이야기하였다. 음식을 먹을 때도 역시 같은 반응이었다.

음식을 먹거나 물건을 사는 행위는 누구에게나 일어날 수 있는 흔한 상황이다. 음식을 먹으면서 행복해하고 즐거워한다면 같이 먹는 사람들도 덩달아 기분이 좋다. 본인 당사자에게 긍정적인 영향을 미치는 것은 말할 나위도 없을 것이다. 물건을 살 때도 마찬가지다. 이왕 필요한 물건을 사면서 내가 이것을 샀을 때 얻게 되는 이익, 물건을 살 때 느끼는 행복감을 표현하며 산다면 훨씬 더 가치 있는 소비가 될 것이다.

동생과 쇼핑을 가면 우리는 서로에게 너무할 정도로 직설적으로 말한다. 옷을 입어본 동생에게 나는 "그 옷은 너한테 색이 안 어울려. 그건 엉덩이가 더 커 보이는데, 그 옷 입으니깐 할머니 같다."라고 이야기해준다. 그리고 긍정적인 피드백은 "괜찮네." 정도이다. 너무 무미건조한 반응이다. 진짜 괜찮다는 건지 아닌지 헷갈릴 정도다. 동생과 쇼핑 후 나는 긍정적인 반응을 잘하는 친구들을 떠올려봤다. 그들이라면 어떻게 이야기했을까? "우와 너한테 정말 잘 어울린다. 이거 사면 엄청 잘 입고 다닐 거야. 진짜 잘 샀다. 정말 예쁘다. 오늘 쇼핑 최고다."라고 이야기하지 않았을까?

우리 엄마는 요리를 무척 잘하신다. 손도 엄청 빠르시다. 어떤 요리도 척척 만들어내신다. 예전에 우리 가족은 엄마가 해주신 음식을 먹고 맛있다는 이야기를 많이 하지 않았다. "밥이 질게 됐다. 되게 됐다. 나물이 짜다. 국이 싱겁다." 등 부족한 부분만을 이야기했다. 지금 내가 주부가 되어 생각해보니 엄마가 무척 속상하셨을 것 같다. 내가 한 음식을 남편이 이렇다 저렇다 이야기하면 나 역시 속상하기 때문이다.

정성껏 만들어줬는데 좋은 소리도 못 듣고 부정적인 피드백만 받는다면 어떤 마음이 들겠는가? 그래서 내가 결혼한 후에는 엄마가 해주시는 음식은 무조건 "맛있다. 간이 잘 됐다. 어떻게 이렇게 만들었어. 난 못 하겠던데." 등 엄마가 들으시면 기분 좋은 표현들을 일부러 많이 한다. 이제 아빠도 동생도 맛있다는 표현을 많이 하신다. 아빠는 일부러 "이런 음식은 어디서도 못 먹지, 몇 십 년 만에 먹을까 말까야."라고까지 표현하신다. 그러면 우리는 다 같이 즐거운 식사를 한다.

감정 표현, 내가 이야기하고 내뱉는 말은 내 의식 수준에 따라 달라진다. 내가 환희와 기쁨, 행복으로 충만한 상태라면 세상 모든 것을 긍정적으로 바라보고 느낄 것이다. 하지만 내면에 불안, 불평, 불만, 화가 가득한 상태라면 세상을 불공정, 불합리, 불평 등으로 바라보고 느낄 것이다.

나는 의식 관련 책을 보면서 말의 중요성에 대해서 많이 생각했다. 내가 내 입을 통해 표현하는 단어들, 문장들은 우주에 전해지고 그 말은 다시 증폭되어 나에게 다시 돌아온다고 한다. 내가 뱉은 말은 우주에서 6만 배로 증폭된다고 한다. 그러니 내가 부정적인 말을 무의식적으로라도 표현한다면 그 말은 6만 배로 커져서 나에게 되돌아온다는 것이다. 얼마나 끔찍한 일인가.

"미치겠다. 짜증난다. 왜 이렇게 일이 안 풀리지. 되는 일이 없다."라는 표현을 내가 했다면 이런 말들은 6만 배나 힘이 커져서 나에게 적용되는 것이다. 인생이 안 풀린다고 혼잣말을 하던 이는 더욱 인생의 쓴맛을 보게 될 것이다. 짜증나는 일로 짜증난다고 표현한 이들 역시 짜증나는 상황만 접하게 될 것이다. 말의 힘이란 이렇게 무서운 것이다.

그래서 나는 되도록 안 좋은 표현은 하지 않으려고 노력했다. 화나는 일이 있더라도 "감사합니다. 사랑합니다."라고 표현하며 마음을 가라앉히거나 "그래 소원이 이루어지는 증거야."라고 반대로 이야기한다. 하지만 이런 연습이 완벽하게 되지 않았기 때문에 불쑥불쑥 부정의 표현을 하기도 한다. "아! 진짜. 휴~." 등은 종종 내 입에서 비집고 튀어나오는 못된 표현들이다.

김상운 작가의 『왓칭, 신이 부리는 요술』이라는 책이 있다. 이 책은 부정적 생각을 꺼버리는 방법에 대해 소개해놓았다. 인간의 두뇌 속에는 "분노, 증오, 슬픔, 절망, 공포 등 부정적인 감정에 불을 붙이는 아미그달라(편도체)가 있다." 이 아미그달라는 인간의 생존에 위험이 닥치면 부정적 감정을 느끼도록 자동적으로 아미그달라 스위치를 켜게 된다.

우리는 살면서 여러 가지 이유로 부정적인 감정에 휩싸이게 된다. 그러나 이 부정적인 감정이 생길 때마다 "이건 분노야, 이건 스트레스야."라고 딱지를 붙이고 제 3자의 눈으로 객관적으로 바라보는 것만으로도 아미그달라는 진정된다고 한다.

나는 부정적인 감정이나 생각이 떠올라 기분이 안 좋아지거나 좋지 않은 표현을 하려고 할 때 제 3자의 눈으로 분노를 바라보는 연습을 한다. 아니면 부정적 감정이 자연스럽게 사라지도록 아무것도 하지 않고 90초를 기다린다.

행복과 불행은 환경이나 운이 만들어내는 것이 아니라 스스로 창조해내는 것이라고 한다. 책은 나에게 나의 행복과 행운은 나의 마음, 의식, 내가 하는 말 표현에 따라서 얼마든지 변할 수 있다고 알려주었다. 나의 의식 수준에 따라 나의 인생이 변화된다고 하니 나의 의식을 변화시키는 일을 게을리할 수 없는 것이다. 오늘 하루 내 의식 수준을 한 단계 높여보는 연습을 해보자. 불평, 불만, 부정의 표현이 아니라 감사와 행복, 긍정의 감정이 충만한 하루를 보내는 것이다.

4장

내 감정에 잡아먹히지
않는 독서의 기술

좋아하는 책부터 읽어보자

우리는 각자의 취향이 있다. 음식, 옷, 자동차, 집 인테리어, 신발, 액세서리, 향수, 헤어는 자신만의 고유한 스타일이 있다. 만약 백화점에 옷을 사러 갔다고 가정하자. 내가 평상시 좋아하는 패션이 캐주얼이라면 백화점의 캐주얼 의류매장으로 가서 마음에 드는 옷을 고르면 된다. 또 미용실에 머리를 하러 간다면 내가 좋아하는 헤어 스타일의 사진을 디자이너에게 보여주고 머리를 해달라고 하면 된다.

책이라고 해서 선택하는 것이 어렵지 않다. 내가 좋아하는 옷을 사거나 머리를 하는 것처럼 책도 내가 좋아하는 책을 가볍게 골라보자.

영어를 잘하고 싶다면 영어 잘하는 방법을 다룬 책을 고르자. 여행을 좋아하는 사람이라면 여행 서적을 읽어보자. 소설을 좋아할 수도, 자기 계발서를 좋아할 수도, 인문고전을 좋아할 수도 있다. 각자의 취향에 따라 가볍게 책을 골라 즐겁게 읽어보는 것이다.

나는 육아서를 먼저 읽었다. 아이가 태어나기 전에 엄마들의 바이블과 같은 하정훈의 『삐뽀삐뽀119 소아과』와 류지원의 『New 임신출산육아 대백과』라는 책을 사서 태교부터 출산, 신생아 케어 방법, 개월별 아동 발달 상황들을 미리 살펴보았다. 책 제목이 '대백과'이어서인지 엄청난 양의 정보가 들어 있었다. 요즘은 인터넷 검색만 해도 육아에 관한 정보를 블로그 등에서 손쉽게 찾아볼 수 있다. 그래도 나에게 육아에 관한 책 한 권이 있으면 급할 때 바로바로 꺼내어 필요한 부분만 읽어볼 수 있어서 좋았다.

임신 중에는 태교를 위해 그 당시 인기 있었던 정홍의 『하루 5분 아빠 목소리』라는 책을 구입했다. 아빠가 책을 읽어주면 뱃속의 아이는 훨씬 더 풍요로운 자극을 받을 수 있고 엄마가 느끼는 행복감과 안정감이 아이에게 고스란히 전해진다는 말에 책을 샀다. 그러나 이 책은 나도 못 읽었고 남편도 태교로 책을 읽어주지 못했다. 아직도 우리 집 책장에 펼쳐보지 못한 채 꽂혀 있다.

아이는 태어나서 자연스럽게 발달 단계에 맞춰 성장한다. 아이가 이유식을 먹고 유아식으로 넘어가면서 나는 아이에게 영양가 있는 음식을 해주어야 했다. 그런데 결혼 전까지 요리를 해본 경험이 없던 나는 아이 유아식 만드는 것도 무척 어려웠다. 그래서 친구에게 추천을 받아 김주연의 『만능유아식 레시피』, 김주연의 『편식 걱정 없이 혼자서도 잘 먹는 유아 식판식』 책을 사서 읽고 아이에게 음식을 해주었다. 아이에게 책 속의 레시피대로 다양한 반찬과 국을 만들어주자 맛있게 잘 먹었다. 아이가 식사를 잘 하지 않아서 생긴 나의 스트레스가 책 한 권으로 사라져버리는 순간이었다. 나는 이 책을 다른 친구들한테도 적극 추천하였다.

임신을 하면서 필요한 책을 한두 권 사 읽다 보니 육아서에 관심이 생겼다. 최희수의 『푸름이 이렇게 영재로 키웠다』를 읽게 되었다. 최희수 작가의 아들은 1999년 대통령에게 보고된 영재 1호라고 한다. 아이를 키우다 보니 우리 아이를 어떻게 올바르게 키울 수 있을까? 더 똑똑하게 키울 수 있을까?를 고민하게 되었다. 그리고 지금 내가 아이를 잘 키우고 있는 것인지 궁금했다.

최희수 작가는 책에서 "부모가 아이를 이해하고 배려 깊게 사랑하며 섬세하게 반응한다면, 아름답고 행복한 영재로 성장하게 됩니다."라고 이야기한다. 작가는 임신 전부터 부부가 아이의 존재 자체를 온전히 축복하고 사랑으로 받아들기로 마음먹고 임신하였다고 했다. 푸름이는 온 가족의 축복 속에서 태어난 아이였다. 이 책은 평범한 부모가 배려 깊은 사랑, 자연과 독서로 아이를 훌륭하게 키워낸 이야기를 담은 책이었다. 책을 읽고 배려 깊은 사랑의 중요성과 자연 속에서 뛰어놀 수 있게 해주는 것, 책 읽기의 위대함을 알게 되었다.

책을 읽고 나는 흔들리는 마음을 잡았다. '무슨 일이 있어도 우리 아이를 사랑으로 키워야지. 책을 사랑하고 좋아하는 아이로 클 수 있게 책도 많이 읽어줘야지. 자연 안에서 해맑게 뛰어놀 수 있는 환경을 만들어주어야지.'라고 다짐하게 했다.

우리 딸은 매일매일 책을 읽는다. 한 권 읽는 날도 있고 어떤 날은 20권도 더 읽기도 한다. 책 권수에 상관없이 아이가 읽고 싶은 만큼 얼마든지 편안하게 읽을 수 있는 환경을 만들어주었다. 그러자 아이는 편안하게 엄마와 독서를 한다. 만약 내가 육아서를 읽지 않았다면 아이의 욕구보다는 내가 정한 기준에 맞춰 "오늘은 여기까지야. 너무 늦었으니 그만 읽자. 오늘 5권은 읽어야 해. 아직 한 권 밖에 못 읽었잖아."라고 말했을 것이다. 내 기준으로 아이를 조정하려고 했을 것이다. 육아는 아이가 원하는 대로 물 흐르듯 아이를 따라 가기만 하면 쉽고 편안하게 할 수 있는 것인데 말이다.

나는 자기계발에 관심이 많았다. 성공자들은 어떤 방법으로 성공을 했는지 그들의 생각은 무엇인지가 궁금했다. 나는 자주 서점에 간다. 기흥 롯데아울렛에 Yes 24 중고매장이 있다. 아이와 서점에 가면 어린이 코너에 블록이 있다. 아이들은 블록을 만들기도 하고 엄마 아빠와 함께 평상에 앉아 책을 읽기도 한다. 우리 딸도 이 서점에 가면 먼저 블록놀이부터 한다. 아이가 블록놀이에 빠져 있는 동안 나는 내가 좋아하는 책을 살펴본다.

그날은 자기계발 코너 쪽에서 책을 살펴보고 있었다. 어떤 중년 부부도 책을 고르고 있었다. 그들도 역시 자기계발, 성공학 관련 코너에서 책을 살펴보고 있었다. 그때 마침 아이가 내 옆으로 왔다. 그 부부는 아이랑 같이 온 내가 신기한 듯이 웃으며 나에게 "꼬마도 책을 좋아해요? 책을 읽나요?"라며 질문을 하셨다. 그래서 나는 "네, 책 좋아해요."라고 간단히 대답을 하였다.

그리고 부부는 다시 책을 둘러보았다. 그중 남편분이 자기계발 관련 책 한 권을 꺼내더니 "우리는 이런 거 안 읽어~. 다 아는 내용이잖아. 이미 다 알고 있는데 뭐!" 이렇게 말하고는 다른 쪽으로 발걸음을 옮겼다. 나는 그들의 이야기를 듣고는 '다 아는 내용이라고? 너무 자신 있게 말하는데, 벌써 성공한 사람들인가?'라고 생각했다. 그리고 걸어가는 그들의 모습 쭉 한 번 살펴보았다.

그들은 깔끔하게 골프웨어를 차려 입었고 헤어 스타일도 단정하고 깔끔했다. 군더더기 없는 모습이었다. 왠지 포스가 느껴졌다. 잠시 잠깐 지나친 사람이었지만 난 그날의 기억이 생생하게 남아 있었다. 그들이 다 안다고 하는 내용을 나는 모르고 있는 것이 많았다. 그래서 그날도 나는 한 권의 책을 구입해서 집에 왔다.

제임스 클리어의 『아주 작은 습관의 힘』이란 책이 있다. 이 책은 전직 야구선수가 훈련 중 얼굴뼈가 30조각이 나는 사고를 당하고도 매일 1%씩 성장을 목표로 큰 성공을 이룬 이야기를 전하고 있다. 아주 작은 습관이 나를 성장시킬 수 있다는 말이 나는 매력적이었다. 사소한 일상의 습관이 모여 복리의 효과를 일으킨다고 한다. 또한 "더 나은 결과를 내고 싶다면 목표를 세우는 일은 잊어라. 대신 시스템에 집중하라."라고 한다. "목표는 방향을 설정하는 데 필요하며 시스템은 과정을 제대로 해나가는 데 필요하다."라고 했다.

나는 내 삶에 저자의 내용을 적용해보았다. 나는 지금 책 쓰기를 목표로 하고 있다. 그러기 위해서는 시스템! 글쓰기 과정을 제대로 해나가야 한다. 책 한 권을 완성하기 위해서 나는 35꼭지의 원고를 작성해야 한다. 목표만 놓고 보면 너무나 막막하다. 그래서 나는 하루하루 원고 쓸 시간을 확보했다. 아이가 어린이집에 가면 하루 넉넉히 4~5시간의 여유시간이 생긴다. 1꼭지 당 2시간 정도 걸린다. 이렇게 하면 하루에 최대 2꼭지는 쓸 수 있다. 매일매일 2꼭지 씩 원고를 쓰면 18일 후 책 한 권이 완성된다는 계산이 섰다.

목표를 위해 매일매일 글쓰기를 습관화하였다. 물론 하루에 2꼭지를 못 쓰는 날도 있다. 하지만 책을 읽고 한 줄이라도 쓰려고 습관화하였다. 이렇게 하다 보니 벌써 4장, 24번째 꼭지를 쓰고 있다. 지금처럼 내가 만든 책 쓰기 시스템 안에서 노력한다면 한두 달 안에 세상에 내 책이 출간될 수 있다.

우리는 우리가 좋아하는 것이 무엇인지 정확히 모른다. 음식점에서 음식을 시킬 때조차 "나는 아무거나 다 좋아. 아무거나 시켜."라고 한다. 이렇게 주문하는 것은 메뉴를 고르기 귀찮아서일 수도 있고 취향이 확실하지 않아서일 수도 있다. 하물며 책을 읽을 때도 어떤 책을 좋아하는지 자신의 취향을 제대로 파악하지 못했기 때문에 책 읽기를 시작하지 못하는 분들이 있다.

독서는 현재 나에게 가장 필요한 부분, 요즘 고민되는 일들, 미래를 위해 준비해야 할 것들이 있다면 그런 주제로 가볍게 골라보자. 그러다 보면 책의 표지가 예뻐서 책을 선택할 수도 있고, 제목이 끌려서 책을 고를 수도 있고 저자가 마음에 들어서 책을 읽을 수도 있다. 책을 읽을 이유는 무궁무진하다. 일단 내가 좋아하는 것이 무엇인지 내 마음을 들여다보는 것부터 해보자. 만약 도저히 모르겠다면 나에게 연락하라. 함께 고민하고 책 읽는 즐거움을 찾을 수 있도록 내가 도와주겠다.

독서의 목적을 세우고 독서하라

어떤 일을 처리할 때 목적을 갖고 처리하면 좀 더 빠르게 계획적으로 처리할 수 있다. 만약 '집안을 깨끗이 하자.'라는 목적이라면 청소를 하면 된다. 일단 창문을 열어둔다. 청소하며 발생하는 공기 중의 먼지를 내보내기 위해서다. 먼지 털이로 위에서부터 먼지를 털어내고 청소기를 돌린다. 그리고 바닥을 물걸레로 한 번 닦는다. 손걸레로 책상, 책장 사이사이, 장식품 등에 쌓인 먼지들을 한 번 더 닦아낸다. 집 안을 깨끗이 하기 위한 목적을 세우자. 청소하는 단계를 체계적으로 떠올리며 계획대로 청소를 한다. 우리는 금방 목적을 달성했다.

나는 대학을 졸업하고 공무원 시험을 준비한 적이 있다. 보건 계열 대학을 졸업했으니 전공과 관련 있다는 이유만으로 보건직 공무원 시험을 치렀다. 생각보다 합격의 문턱은 매우 높았다. 계속되는 낙방에 보건직 시험을 포기하고 취업을 했다. 몇 년 후 나는 다시 공무원 시험에 도전했다. 이번에는 보건직이 아닌 나의 전공과 관련 없는 행정직으로 시험을 보았다. 모집 인원이 제일 많았기 때문이다. 국어, 영어, 한국사는 공통 과목이었지만 행정법총론과 행정학개론은 처음 접하는 과목이었다.

나는 직장 생활과 병행하고 있어서 빠른 시간 안에 합격을 하여야 했다. 그래서 시험 전략을 짰다. 일단 합격을 위해서는 모든 과목에 집중할 수 없었다. 선택과 집중이 필요했다. 한국사, 행정학개론 두 과목에서 고득점을 받기로 목표를 정했다. 두 과목을 미친 듯이 공부했다. 드디어 시험 날! 감독관의 살벌한 사전 점검 후 드디어 "딩동댕" 시험 시작 종소리가 울렸다.

시험지를 받자마자 나는 뒷장의 행정학개론 부문을 펼쳤다. 펜으로 문제를 따라가며 읽고 바로 답을 찍었다. 문제를 읽자마자 바로 답, 문제 읽고 바로 답! 문제를 푸는 내내 너무 신기했다. 바로바로 답이 보이는 게 아닌가. 20문제를 5분 만에 풀고 이번에는 중간 페이지의 한국사를 펼쳤다. 한국사 역시 문제를 채 다 읽기도 전에 답이 보였다. 이것도 8분

만에 풀고 100분이란 시험 시간 중 73분을 확보했다. 이제 어려운 국어, 영어, 행정법총론을 여유 있게 풀면 됐다. 시험문제를 풀고 마킹을 하고 시험 종료 직전까지 점검을 하였다.

시험을 마치고 집에 와서 가채점을 하였다. 내 점수는 작년 커트라인과 비교하면 아슬아슬했다. 집중적으로 공부한 한국사와 행정학개론은 95점을 받았지만 영어에서 과락을 면할 정도의 점수를 얻었다. 그러다 보니 전체 평균이 낮아졌다. 하지만 기대를 갖고 합격자 발표를 기다렸다. 하지만 나는 그해 공무원 시험에서 떨어졌다.

이때의 경험은 그동안의 수험 생활 중 최고로 신기한 경험이었다. 나는 학창 시절 우수한 학생은 아니었다. 그런데 시험문제를 보자마자 0.1초도 안 되어 정답을 찾아내는 내 자신이 너무 놀라웠다. 문제를 풀면서도 '이게 무슨 일이야. 정답이 왜 이렇게 잘 보이지!'라고 생각할 정도였다. 진짜로 답이 시험지를 뚫고 나오는 느낌이었다. 내가 한국사와 행정학개론의 점수를 높이겠다는 목적으로 공부를 하였더니 이런 결과가 나왔던 것이다. 목적을 갖고 선택과 집중으로 학습하였더니 놀라운 결과를 얻었다. 이런 경험을 바탕으로 나는 '목적을 가지고 단기간에 선택과 집중을 한다면 못 해낼 것이 없겠구나!' 깨달았다.

아이를 키우면서 나는 아이의 영어 교육에 관심이 많았다. 물론 부모라면 아이의 교육에 많은 관심이 있을 것이다. 나도 그런 엄마 중에 하나이다. 주변 엄마들 중에는 500~600만 원 이상 하는 고가의 영어 교재를 사서 아이와 영어 학습을 하는 엄마들도 있었다. 그래서 나도 그런 센터에 가서 상담도 받아 보았다. 그러던 중 '엄마표 영어'라는 방법을 우연히 알게 되었다. 내가 인스타그램에서 팔로우 하는 한 엄마는 책 육아를 하며 엄마표 영어를 진행하였다. 우리 아이보다 한 살 많은 아이였지만 벌써 다양한 문장을 영어로 막힘없이 구사하고 책 읽기도 자연스럽게 하는 것이다.

그분의 인스타그램을 종종 살펴보았다. 어느 날 서울의 한 백화점에서 강의를 한다며 공지를 올리셨다. 강의 신청을 한 후 강의를 들으러 갔다. 그분의 여러 가지 실제 경험 등을 듣고 우리 아이한테도 적용해보겠다고 마음먹었다. 그런데 매일매일 습관처럼 하기가 쉽지 않았다. 영어책을 거부하기도 했고 영어 CD를 켜면 아이가 꺼버리기 일쑤였다.

이런 난관이 생기면서 나는 엄마표 영어 관련 책을 찾아보았다. 한진희 작가의 『엄마표 영어 이제 시작합니다』, 새벽달 작가의 『엄마표 영어 17년 보고서』 두 책을 사서 꼼꼼히 읽었다. 책을 읽고 한진희 저자가 하는 강의도 들으러 갔다. 강의 들으러 갈 때는 몰랐는데 이분 강의가 엄청나게 유명해서 강남 엄마들이 대전까지 강의 들으러 왔다고 한다.

강의 내용을 메모하고 사진 찍으며 하나라도 놓칠까 열심히 경청하였다. 한진희 작가, 새벽달 작가 모두 사교육 없이 온전히 영어책과 영어 영상물로만 아이 영어 교육을 하신 분들이다. 한진희 작가님의 아들은 16세에 자력으로 호주 대학에 합격한 후 20세에 국내 석·박사 과정을 진행하였다고 했다. 새벽달님의 자녀들도 엄마의 무안한 사랑 안에서 영어에 대한 거부감 없이 얼마든지 영어로 내가 원하는 정보를 찾을 수 있고 내 의견을 표현할 수 있는 아이로 자랐다고 한다.

두 권의 책은 내가 엄마표 영어에 대한 정보를 얻고자 하는 목적으로 구입하였던 책이다. 평상시 관심 있었던 분야인 아이 영어 교육의 한 방법을 알게 된 고마운 책이었다. 지금도 틈틈이 읽으며 아이에게 어떻게 영어 환경을 만들어주어야 할까를 고민한다.

수능시험이 끝난 2001년 겨울, 벌써 20년이나 지났다. 그해는 고3 수험 생활을 끝낸 해이다. 고등학생의 최대 관문인 수능시험이 끝났다는 것만으로도 마음이 홀가분하였다. 하지만 한 달 뒤 시험결과를 보니 생각보다 점수가 안 나와서 크게 실망하였다. 내 점수로 갈 수 있는 학교가 있는지 배치표를 하나부터 열까지 꼼꼼히 살펴보고 여러 곳에 입시 원서를 넣었다. 모든 곳에서 떨어졌다. 어떤 친구는 재수를 생각하고 준비하고 있었는데 3월 초에 추가 합격이 되어서 대학생이 되었다. 나도 내심 기대했지만 나에게는 합격 소식이 오지 않았다. 나 역시 재수를 하기로 결심했다.

수능이 끝나고 재수생이 되기로 마음먹은 3~4달 동안 나는 내색은 안 했지만 내면의 스트레스가 엄청났던 것 같다. 대한민국 고등학생들이 다들 그렇겠지만. 나도 고등학생 때 엄청 살이 쪘었다. 매일 책상 앞에 앉아 있기만 하니 신체 활동이 많지 않았기 때문이다. 그런데 몇 달 만에 특별히 운동을 하지도 않았고 식이조절을 하지 않았는데 7kg이나 빠졌다.

그 당시 나는 큰 노력 없이 살이 빠져서 좋았다. 그런데 지금 와서 생각해보니 살이 빠졌던 가장 큰 원인은 진학 스트레스였던 것이다. 나처럼 스트레스로 인해 살이 빠진 경험을 한 사람들이 있을 것이다. 가끔 주변을 보면 애인과 헤어져서 살이 빠지거나 회사 업무 스트레스로 살이 빠졌다는 사람들을 종종 보았다. 이렇게 스트레스가 우리 신체에 미치는 영향이 엄청나다.

결혼하고 나서도 스트레스는 계속되었다. 나 혼자만 힘든 것 같고, 나만 육아와 집안일을 하는 것 같고 더 이상 나는 사회에서 의미 있는 존재가 아닌 것 같은 생각이 들었다. 이런 스트레스 때문인지 출산 후 4년이나 지났는데 출산 직후처럼 머리카락도 많이 빠지고 흰머리도 생기는 것이다. 흰머리는 나이가 드니 자연스러운 현상일 수도 있다. 하지만 짧은 시간에 한 곳에 집중적으로 생긴 것이 여간 신경 쓰이는 일이 아니었다. '내가 스트레스를 받는 건가? 그래서 몸에 이런 신호를 보내는 것인가.' 라는 생각도 들었다. 걱정이 되었다.

그래서 나는 켈리 맥고니얼 작가의 『스트레스의 힘』을 읽어보았다. 책을 읽고 스트레스의 부정적인 측면, 스트레스는 없어야 좋은 것이라고 믿었던 내가 스트레스를 다르게 생각하게 하였다. 오히려 평범한 삶의 한 측면으로 바라보고 성장의 기회로 생각하고 인정해야 한다는 것을 이해하게 됐다. 또 스트레스가 없으면 목표도 없다고 이야기한다. "의미 있는 삶을 산 사람들은 의미 없는 인생을 사는 사람들에 비해 더 많이 걱정하고 더 많이 스트레스 받는다."라는 문구는 '의미 있는 삶을 사는 데 스트레스가 필수불가결한 것이구나.'를 깨닫게 해주었다.

목적 있는 책 읽기는 어렵지 않다. 책이라는 것도 소설, 에세이, 자기계발서, 인문고전 등으로 한정지우지 않아도 된다. 내가 당장 궁금하고 알고 싶고 해결하고자 하는 것들이 있다면 어떤 책이든 상관없다. 문제집이면 어떠하랴. 요리책이면 어떠한가. 모든 책은 나보다는 그 분야에서 더 고심하고 고민한 전문가가 심혈을 기울여 만든 것이다. 목적 있는 독서를 한다면 책을 통해 원하는 것을 빠른 시간에 깨우치게 될 것이다.

무언가를 알고자 하는 욕망과 갈증은 책 읽기의 가장 효율적인 동기이다. 당신이 지금 알고 싶어 하는 것이 있다면 그 목적을 위해 책을 검색해보자. 그렇다면 훨씬 더 좋은 책을 찾을 수 있을 것이다. 누군가의 추천에 의해 읽은 독서보다는 깊이 있고 큰 울림이 있는 책 읽기가 될 것이다.

나는 육아서부터 읽었다

'한 아이를 키우는 데 온 마을이 필요하다.'라는 아프리카 속담이 있다. 아이를 키우기 위해서는 다양한 사람들, 공동체가 필요하다는 뜻이다. 그러나 현대사회의 가족 구성원이나 마을의 모습은 어떤가? 핵가족 사회이며 아파트 생활을 하는 사람들이 많다. 친척들과의 교류도 예전처럼 많지 않고 옆집, 윗집, 아랫집에 누가 사는지 모르는 경우도 많다.

현재의 가족 형태는 대부분 부모와 아이들로 구성되었다. 적게는 3명, 많게는 4~5명 정도가 한집에 산다. 예전에는 조부모님과 함께 살거나 같은 동네에 친인척들이 함께 모여 살았다. 그러면서 꼭 부모뿐만 아니라 다양한 사람들의 사랑과 보살핌을 받으며 아이들이 성장하였다. 또 육아로 인한 어려움이 생기면 주변 사람들에게 손쉽게 도움을 요청할 수도 있고 조언을 들을 수도 있었다. 그러나 지금은 아이를 키우며 생기는 궁금증을 지역 맘 카페나 육아서를 통해서 정보를 얻게 된다.

첫아이를 출산한 산모들은 대부분 겁쟁이들이다. 작고 여린 아이가 "엥" 소리만 내도 화들짝 놀란다. 속싸개에 싸놓은 아이가 조금만 꿈틀거려도 가슴이 철렁 내려앉는다. 조리원을 퇴원하고 집에 아이를 데려오면서부터 긴장의 연속이다. 배고파서 우는 건지 쉬해서 우는 건지 배가 아파서 우는 건지 도통감이 안 온다. 하루 종일 온 신경이 아기에게 맞춰져 있다. 회사 다닐 때보다 더 힘들다. 밤에 잠도 제대로 못 잔다. 아이는 2~3시간 간격으로 깬다. 아이가 잘 자고 있어도 모유 유축을 하기 위해서 새벽에 일어나야 한다. 아이 모유는 꼭꼭 챙기지만 내 밥은 먹는 둥 마는 둥 국에 말아서 후루룩 먹는다. 가끔 거울을 보면 꼴이 말이 아니다.

보통의 엄마들의 모습이다. 그렇게 신생아 시절을 보내고 나면 어느 정도 아이의 패턴을 파악하고 나도 컨디션을 찾아간다. 아이의 먹고, 싸고, 자는 패턴에 익숙해질 때쯤 나는 우리 아이에게 좋은 교육 환경, 좋은 책을 노출 해줘야겠다는 생각이 들었다.

2017년 여름 집 근처에서 육아 박람회가 열렸다. 나는 남편, 아이와 함께 나들이 겸 박람회에 갔다. 육아 박람회여서인지 아기를 데리고 온 부모들이 많았다. 아이 장난감, 옷, 액세서리, 음식 등 각종 육아용품들이 전시되어 있었다. 나는 박람회장을 둘러보다가 '한솔교육' 부스에서 발걸음을 멈췄다. 그 당시 나는 아이 책에 관심이 있었다. 직원들의 책 설명을 듣고 사은품으로 나누어주는 몇 권의 책을 받았다. 그리고 다음 주 평일에 육아 교육이 있으니 교육을 들으러 오라고 나를 초대해주셨다. 나는 인적사항을 적고 집에 돌아왔다. 잠시 뒤 교육 날짜와 시간, 장소를 알리는 문자가 왔다.

며칠 뒤 나는 아기띠를 하고 교육을 들으러 갔다. 그때 아이가 6개월 정도였다. 강사는 아이의 개월 수별 특징과 이때 어떤 자극을 주어야 하는지 엄마들에게 상세하게 강의해주셨다. 그러면서 엄마들은 꼭 책을 읽어야 한다고 강조하셨다. 자신은 너무 교만해서 첫째아이를 키울 때 너무 큰 실수를 했고 그로 인해 아이가 발달 지연 진단을 받았던 이야기를 솔직하게 해주셨다. 그 뒤 본인은 1000권이 넘는 육아서를 미친 듯이 읽었다고 하였다. 그 뒤 아이를 정성껏 키워서 지금은 훌륭하게 성장한 자녀들의 이야기해주셨다. 본인은 지금도 많은 독서를 하고 있다고 하였다. 교육을 듣고 나는 육아서의 중요성, 엄마가 책을 가까이 해야만 하는 이유 등을 알게 되었다.

그때 강사님께 추천 받은 책은 최희수 작가의 『푸름아빠의 아이 내면의 힘을 키우는 몰입독서』라는 책이었다. 이 책은 아이를 키우는 부모의 기본 마음가짐과 독서의 장점을 이야기한다. 아이 내면의 힘을 키우는 책 읽기 방법을 개월수 별로 알기 쉽게 소개한 책이다. 또 영역별로 저자가 추천하는 책들도 소개되어 있어서 아이 책을 선정할 때 무척 도움이 되었다. 이 책을 시작으로 최 작가님의 『배려 깊은 사랑이 행복한 영재를 만든다』, 『푸름이 이렇게 영재로 키웠다』 등을 사서 읽어보았다. 아이의 독서 교육의 장점과 효과를 다양한 사례를 바탕으로 쓰인 책들이었다. 책을 읽고 작가님처럼 꾸준히 아이와 책 읽기를 해야겠다고 다짐했다.

아이가 3살, 4살이 되면서 점점 자기만의 생각이 뚜렷해졌다. 모든 것을 본인이 원하는 대로 하고 싶어 했다. 놀이하는 방법, 장난감 선택, 옷 선택 등 모든 것을 본인 생각대로 하고자 했다. 대부분 아이가 원하는 대로 수용하고 포용하려고 했지만 하루 이틀이지. 너무 힘이 들었다. 그리고 다른 아이들도 이러는지 무척 궁금했다. 그래서 인터넷에 '5세 아이 고집, 자기 주장'이라는 검색어로 검색을 했다. 그러다 우연히 '지랄발랄 하은맘'이라는 블로그를 발견했다.

블로그 글을 읽는데 엄청나게 재미있었다. 포스팅마다 댓글도 많이 달려 있었다. '언니 때문에 힘을 얻어요. 언니 너무 좋아요. 계속 글 써주세요.'라는 댓글이었다. 언니의 독설이라며 글은 군대에서 교관들이 하는 말투처럼 특이했다. 나는 독특하지만 평범한 육아 블로그인 줄 알았다. 그런데 이분이 책을 3권이나 쓴 작가였던 것이다. 이분의 책이 너무 궁금했다. 그래서 바로 제일 최신 책인 『십팔년 책육아』를 구입했다. 그리고 『닥치고 군대 육아』, 『불량육아』까지 사서 읽었다.

올해 작가의 딸은 20살이 되었다. 아이가 태어났을 때부터 기록한 블로그 글을 토대로 3권의 책에 녹여낸 육아서이다. 그러니 3권의 책만 읽으면 아이를 키우며 있었던 수많은 실패와 성공, 기쁨과 분노, 결국에는 멋지게 성장한 성인이 된 딸의 모습까지 한 번에 알 수 있게 되는 것이다. 책을 읽으며 작가님도 나와 같은 고민을 하고 어떻게 해결했는지를 알게 되었다. 그리고 앞으로 아이가 크면서 마주하게 될 상황들을 미리 예견하고 대처할 마음의 준비도 할 수 있게 되었다. 육아서를 읽고 '아이들 크는 건 다 비슷하구나, 나만 육아로 힘든 게 아니구나.'라는 위로도 얻게 된다.

육아서를 읽으면서 나도 점점 육아에 대한 긴장을 조금씩 놓게 되었다. 첫째 아이이기도 하고 육아가 처음이어서 뭐든지 조심스럽고 예민했다. 조리원에서 만난 셋째 엄마는 모든 행동에 여유가 넘쳤다. 나는 모유수유도 잘 안 되서 원장님께 이것저것 계속 질문하고 또 질문하였다. 아이가 조금만 이상해도 안절부절못했다. 퇴실할 때 원장님이 주의사항을 상담해주신다고 했을 때 나는 하나라도 빠트릴까 펜과 종이를 들고 상담을 했다. 그런데 셋째 엄마는 "뭐 다 아는데요. 상담 안 해도 돼요." 하며 한껏 여유를 부리는 모습에서 진심으로 내공이 느껴졌다.

어느 날 운전하다가 '최화정의 파워타임' 라디오를 들을 때였다. 게스트 두 명이 나와서 사연을 소개하는데 한 남자 게스트가 에피소드를 이야기하였다. 친누나 집에 놀러갔는데 누나가 아이가 사용한 젖병을 세제도 사용하지 않고 물로 휘리릭 씻어서 다시 사용하는 걸 보았다고 했다. 그래서 "누나 젖병을 그렇게 씻으면 어떡해?"라고 했단다. 그랬더니 누나는 "이렇게 해도 안 죽어!"라고 이야기하는데 첫째 때와는 너무 달라진 누나의 모습에 어안이 벙벙했다고 했다. 그 당시 나는 방송을 듣고 '그래도 그렇지 어떻게 물로만 씻고 다시 쓸 수 있나?'라고 생각했다. 그런데 이제는 그 누나의 육아의 내려놓음을 어느 정도는 알 수 있을 것 같다.

육아를 한 지 벌써 만 4년이 지났다. 아이는 이제 6살이 되었다. 초보 엄마 시절 모든 상황이 낯설고 예민했던 때가 있었다. 내 아이를 최고로 키우고 싶고 옷 하나라도 더 사주고 싶었고 장난감 하나라도 더 사주고 싶었다. 하지만 지금은 아이 눈을 바라보고 "사랑해."라고 이야기해주는 것이 더 중요하다는 것을 안다. 아이가 실수를 해도 이해하고 기다려주고 화내지 않고 설명해주는 것이 훨씬 중요하다는 것을 누구보다도 잘 알고 있다.

책을 통해 하나하나 알게 된다. 육아를 하면서 하루에도 몇 번씩 감정 컨트롤이 안 될 때가 있다. 오늘 아침 일이다. 아이는 차에서 이야기 동화를 틀어달라고 했다. 방금 집에서 듣고 나왔는데 또 틀어 달라고 하니. 평상시 같으면 "알았어 채원아~." 하고 상냥하게 대답했을 것이다. 그런데 막 시동을 걸고 출발하려는데 아이가 이야기하니 나도 모르게 욱하게 된 것이다. 아이는 놀라고 긴장하였다. 나는 바로 "채원아, 엄마가 미안해. 채원이는 이야기 듣고 싶었던 건데 엄마가 큰소리로 말해서 놀랐지, 미안해."

육아서를 읽고 아이의 마음의 소리를, 아이의 눈을, 아이의 감정을, 아이의 요구를 온전히 받아들여야 한다고 배웠다. 하지만 아직도 나는 부족하다. 생각과 행동의 일치가 이렇게 힘든 일인지 새삼 느끼게 된다. 나는 앞으로도 더 많이 배워야 할 것 같다. 아직도 부족한 부모이니 아이와 함께 같이 성장해야겠다.

Fire Hose

목차를 보고 필요한 부분만 골라 읽자

2021년 새해가 밝았다. 새로운 마음가짐으로 새해 계획을 세울 것이다. 소소한 계획부터 거창한 계획까지 누구나 마음 한구석에 작년보다는 더 성장하길 바라며 계획을 세운다. 여러분이 세운 계획 중에 혹시 책 읽기 계획이 있는지 모르겠다.

올해 몇 권을 읽겠다, 아니면 하루 한 번이라도 꼭 책을 읽겠다는 계획 말이다. 나는 올해 더 많은 책을 읽고 작가가 되고자 하는 계획을 세웠다. 올해 책 읽기 계획을 세운 분들이라면 나와 함께 효율적인 책 읽기 방법을 알아보자.

책장을 펼치면 책 내용을 소개하는 목차가 있다. 우리는 이 목차를 효율적으로 활용하여야 한다. 목차는 책 속의 내용을 어떤 식으로 구성해놓았는지 일목요연하게 정리해놓은 것이다. 목차를 보면서 책의 흐름을 대충 훑어보자. 그중 눈길 가는 제목이 있다면 그 부분을 먼저 읽자. 그것이 1장의 내용일 수도 있고 2, 3, 4, 5장의 내용일 수도 있다. 꼭 1장 1꼭지부터 순서대로 읽지 않아도 된다.

우리는 내용의 흐름을 파악하며 읽는 소설을 읽고 있는 것이 아니다. 만약 소설을 읽는다면 첫 장부터 읽어야 할 것이다. 왜냐하면 소설의 경우 인물 관계, 사건 흐름, 원인과 결과 등을 제대로 파악하여야만 글을 재미있게 읽을 수 있다. 하지만 우리는 대부분 실용서적을 읽고 있다. 그래서 무조건 첫 페이지부터 읽을 필요가 없다.

드라마를 볼 때 어떤가? 드라마의 첫 회부터 시청하여야 극의 흐름을 제대로 파악할 수 있다. 그래야 몰입도가 높아진다. 2018년 엄청나게 인기 있었던 tvN의 〈미스터 션샤인〉이라는 드라마가 있었다. 시청자들은 방송 시작 전부터 무척이나 기대했다. 그런데 나는 드라마가 시작되고 6회부터 보았다. 앞부분의 내용을 모르니 극의 흐름을 따라가기 힘들었다. 드라마를 보는 동안 계속 남편한테 "이병헌이 왜 그래? 김태리가 왜 그런 거야?"를 수없이 물어보았다. 앞선 내용이 너무 궁금하였다. 그래서 다시보기로 1회부터 정주행을 한 후 다음 방송을 편안하게 시청할 수 있었다. 이처럼 드라마는 앞부분 내용을 모르면 뒷내용을 이해하는 데 어려움이 생긴다.

그러나 예능은 어떤가? MBC 〈나 혼자 산다〉의 경우 1회에 2~3개의 작은 포맷이 있다. 만약 프로그램을 처음부터 시청하지 않았다고 하자. 중간부터 방송을 보아도 내용을 이해하는데 특별히 어렵지 않다. 드라마처럼 굳이 앞부분의 내용을 찾아서 보지 않아도 된다. 처음부터 보지 않았어도 내가 시청하는 부분부터 자연스럽게 즐길 수 있다.

책을 읽을 때도 예능을 보듯이 자연스럽게 생각하면 좋을 것 같다. 꼭 프로그램 시작부터 볼 필요가 없다. TV를 켰을 때 프로그램이 방송되고 있다면 그 순간부터 편안하게 보면 되는 것이다. 책도 책장을 펼쳐 읽고 싶은 부분부터 읽어보자.

육아하는 엄마들은 육아서를 많이 접할 것이다. 책을 구입하고 완독하고자 하는 부담감에 책을 펼치지 못하는 분들이라면 일단 목차를 한 번 살펴보자. 나는 신성욱 작가의 『조급한 부모가 아이 뇌를 망친다』라는 책을 구입했다. 평상시에 내가 아이에게 자주 "빨리 밥 먹자. 빨리 씻자. 빨리 옷 입자." 등 '빨리'라는 말을 무분별하게 사용하는 것 같은 생각이 들어서 책 제목을 보자마자 구입했다. 책을 사놓고 이런저런 핑계로 읽지 못하고 있었는데 내가 이 책을 사면서 제일 궁금했던 점을 떠올리고는 다시 책을 펼쳤다.

나는 조급함이 아이의 뇌에 어떤 영향을 미치는지가 제일 궁금하였다. 그래서 목차를 살펴보았다. 'chapter2. 세 살 인생 은서의 하루'라는 챕터를 읽었다. 본문에는 만 3세, 우리나이로 4세인 은서의 하루 일과를 소개한다. 아침부터 어린이집에서 교육받고 하원 후 발레를 한다. 그리고 집에 와서 교육용 비디오를 본다. 한글, 영어 학습지를 하는 아이의 하루를 소개한다. 사람들이 이런 아이의 스케줄을 당연하게 여긴다고 이야기한다. 모두가 그렇게 하기 때문이다. 그리고 당연하게 여기는 또 다른 이유는 아이 뇌가 5세 이전에 완성되기 때문에 5세 이전에 교육을 시작해야 한다는 부모들의 믿음에서 비롯되었다고 한다.

우리는 '3세 아이의 뇌는 거의 완성된다'는 뇌 과학 상식을 이용하는 교육업계의 상술에 휘말려 어린아이들에게 많은 양의 정보를 주입하고 있는 것은 아닌지 모르겠다. 책을 읽고 부모의 조급함을 내려놓고 멀리 보면서 아이를 편안한 마음으로 키워야겠다고 생각했다. 빨리하지 않으면 좀 어떠랴. 넉넉한 사랑과 믿음은 건강한 아이로 자라게 하는 최고의 영양분이라는 것을 육아서를 읽으며 조금 깨닫게 된다.

나는 자기계발서에도 관심이 많았다. 어떻게 하면 성공자의 삶을 살 수 있을까 궁금하였다. 지금보다 빠르게 성공할 수 있는 방법이 없을까 고민하였다. 그러던 중에 김도사 작가의 『신용불량자에서 페라리를 타게 된 비결』이라는 책을 접했다. 책은 손 안에 쏙 들어오는 크기로 크지 않았다. 앉은 자리에서 금방 읽을 수 있는 정도의 사이즈였다.

나는 일단 목차를 천천히 살펴보았다. 그중 제일 눈에 띄는 '6장. 휠체어를 탄 노인은 부럽지 않다'를 먼저 읽었다. 소제목을 읽는데 머릿속에 휠체어를 타고 병원에 있는 대기업 총수들이 떠올랐다. '그래 돈은 많지만 나이 들어 휠체어나 타고 있으면 무슨 소용이겠어.'라는 생각이 스쳤다.

책을 읽어 보니 작가는 몇 가지를 강조하였다. 시간과 돈 중 시간이 더 중요하다. '돈돈돈' 해서는 걸대 돈으로부터 자유로울 수 없다. 저절로 돈이 들어오는 시스템을 만들어놓아야 한다. 그리고 돈은 기하급수적으로 벌어들이는 것이다.

매일매일 아끼고 저축하며 조금씩 돈을 모아야 한다는 내 생각을 완전히 뒤집어놓는 글이었다. 이 챕터를 읽고 호기심이 생겨서 처음부터 천천히 책을 읽어보았다. 책을 읽고 나는 작가가 말하는 성공의 방식을 내 삶에 어떻게 적용시킬 수 있을까 고민하게 되었다. 시간을 아껴 책을 읽고, 수입의 파이프라인을 개척하기 위해 내가 할 수 있는 일은 무엇일까를 생각해 보았다. 그리고 '돈돈돈' 하는 가난한 사고방식에서 부자의 사고방식으로 사고를 바꾸기로 했다.

나는 하루 한 챕터씩 행복에 관한 책을 읽는다. 오리슨 스웨튼 마든 작가의 『행복하다고 외쳐라』라는 책이다. '2장 행복에 감염되어라'를 읽었다. 저자는 불평과 불만, 남을 비판하는 습관, 투덜거리는 습관, 어두운 면을 찾으려는 습관에 젖어드는 것은 가장 불행한 일이라고 한다.

나 역시 한동안 불평, 불만, 투덜거리는 습관이 많았다. 책에서 내가 하고 있는 나쁜 습관을 꼬집어 이야기하니 책을 읽는 내내 반성이 되었다. 우리는 생각의 산물이라고 한다. 마음을 새롭게 하면 변화될 것이라고 말한다. 이제부터 사물의 밝은 면만 보고 행복하고 유쾌한 생각만 한다면 나의 마음 상태를 변화시킬 수 있다고 깨달았다. 모든 것은 마음먹기에 달려 있다. 부정적인 생각은 부정적인 결과를 가져오고 긍정적이고 행복한 생각은 긍정적인 결과를 가져오게 된다는 절대 진리를 책을 통해 다시 깨닫게 되었다.

어떤 책이든 처음부터 읽어야 한다는 고정 관념을 내려놓아라. 우리는 해야 할 일이 너무도 많은 현대인이다. 나의 경우만 하여도 책 읽을 시간을 일부러 정해놓지 않으면 책 읽기가 매우 힘들다. 그나마 책을 읽으려도 해도 수백 페이지나 되는 책을 다 읽기도 부담스럽다.

이제 책을 들고 목차를 한번 살펴보자. 오늘은 어떤 목차가 내 마음을 울리는지 느껴보고 바로 그 부분의 페이지를 펼치자. 육아로 힘든 하루를 보냈는가? 눈치 없는 남편 때문에 화가 나는가? 나의 마음을 위로해 줄 수 있는 책 속의 한 챕터를 찾아보자. 짧은 독서이지만 당신을 다시 일으켜 세우고 불평과 불만이 가득했던 마음을 긍정의 생각으로 가득 채울 수 있을 것이다.

05

매일 밥하듯이 책을 읽자

사람들은 매일매일 생명 유지를 위해 최소한의 영양 섭취를 하여야 한다. 체온 유지, 호흡, 심장박동 등 기초적인 생명 활동을 위해 쓰이는 에너지를 기초대사량이라고 한다. 휴식 상태, 움직이지 않고 가만히 있어도 에너지가 필요하다. 가만히 앉아 숨만 쉬어도 에너지가 필요한 것이다. 그런데 이런 기초적인 숨쉬기 활동 말고도 인간은 다양한 활동을 한다. 일, 운동, 공부, 육아, 청소 등은 신체적·정신적으로 많은 에너지가 필요한 활동을 한다. 기초대사량만 가지고는 감당할 수 없는 많은 에너지가 필요하다. 그래서 더 영양가 있는 음식을 섭취하고 운동을 통해 체력을 단련할 필요가 있다. 우리는 생명 유지, 다양한 활동을 위해 매일 영양가 있는 식사를 한다.

나는 매일매일 밥을 하고 정성껏 차린 음식을 가족들과 함께 즐겁게 먹는다. 하루라도 밥을 안 먹을 수는 없다. 나와 우리 가족의 생명을 유지하기 위해서이다. 책은 어떤가? 하루 3번 매일 밥을 챙겨 먹듯이 책을 읽고 있는가? 밥을 안 먹으면 현기증이 나고 어질어질하다. 책을 읽지 않았다고 현기증이 나지는 않는다.

도마 안중근 선생께서는 '일일부독서 구중생형극(一日不讀書 口中生型棘) -하루라도 책을 읽지 않으면 입 안에 가시가 돋는다.'라고 말씀하셨다. 우리는 안중근 선생처럼 매일 책을 읽지 않는다. 책 읽기의 중요성을 모르는 사람은 없을 것이다. 하지만 여러 가지 상황상 독서를 하지 못하는 이들이 많다. 물밀듯이 쏟아지는 업무량, 언제 끝날지 모르는 육아 등으로 도저히 독서를 할 시간이 없다고 생각한다.

나 역시 그동안 책을 읽지 못할 핑계를 찾는 데 익숙했다. '애 키우면서 책 읽을 시간이 어디 있어? 아기 잘 때 나도 잠깐이라도 잠을 자야 체력을 보충하지!' 이렇게 생각했다. 이런 생각은 나에게 책 읽을 여유를 주지 않았다. 할 수 없는 이유만 생각하니 하지 못할 일들만 생기는 것이다. 생각을 바꾸기로 했다. 나는 주부이다. 매일 적어도 2~3번 밥을 해야 한다. 안 할 수는 없다. 내가 식사 준비를 안 하면 온 가족이 쫄쫄 굶게 된다. 그래서 나는 생각했다. '그래! 매일 밥하는 것처럼 책도 매일 조금씩 읽어보자.'

처음부터 욕심 부리지 않고 책 읽기를 가볍게 하기로 마음먹었다. 책 읽기 습관을 들이는 것이 더 중요했다. 나의 동선 안에 책을 여기저기 놓아두었다. 한 번은 반 페이지를 읽고, 또 한 번은 한 페이지를 읽었다. 작심삼일이라고 하루 이틀 읽고 책 읽기를 까먹은 일도 부지기수다. 다시 책을 펼쳤을 때 밑줄 그어진 부분을 보면서 '내가 여기에 왜 밑줄을 그었지?' 하는 날도 있었다. 이렇게 책 읽기 패턴이 망가지면 다시 마음을 잡고 책을 읽기로 다짐을 한다. 누군가는 이렇게 이야기했다. 작심삼일 10번이면 한 달이다. '작심삼일만 매번 해보자.'라는 생각으로 다시 책을 들었다.

아이가 어린이집에 가 있는 동안 엄마들은 바쁘다. 아침에 먹은 설거지, 빨래, 청소, 때로는 식재료 구입 등 아기가 집에 없다고 쉬기만 하는 것은 아니다. 아이들 등원시키고 집에 오면 나는 현관문 입구에서부터 정리를 하며 들어온다. 현관 신발장 정리, 거실에 어수선하게 뒹굴고 있는 각종 장난감, 책, 식탁 위에 놓인 아침 먹은 그릇, 빨래 등을 하느라 오전 시간이 훅 지나가버린다. 치우고 돌아서면 또 치울 것이 눈에 보인다. 이렇게 집안 정리를 하다보면 밥 먹을 시간도 놓쳐버린다. 이래서는 안 될 것 같았다. 내가 우선순위에 두어야 할 것을 먼저 정하는 것이 필요하다는 생각이 들었다.

일단 아이를 등원시키고 커피 한잔을 타서 식탁에 앉는다. 나는 소파나 침대에 기대어 앉아 책을 읽는 것보다 식탁의자에 앉아서 읽는 것이 더 편했다. 나처럼 본인이 편안한 장소를 선택해보자. 그리고 오늘 읽고 싶은 책을 한 권 꺼내어 읽자. 책 읽기의 양은 상관없다. 내 일상에 밥을 하고 밥을 먹는 것처럼 책 읽기가 자연스러워지면 되는 것이다. 배가 고파 죽겠는데 지금 당장 밥 먹는 행위 말고는 다른 것은 생각하지 않는 것처럼 책 읽기도 우선 되어야 하는 것이다. 내가 읽고 싶은 만큼만 읽으면 된다. 숙제처럼 범위가 정해진 것도 아니지 않은가. 한 페이지여도 한 꼭지여도 상관없다. 이렇게 책 읽기를 우선으로 한다. 그 다음 해야 할 집안일을 한다면 무언가 뿌듯한 마음이 들 것이다. 왠지 오늘 마음의 양식을 쌓은 느낌이 든다.

하루는 친구와 점심 약속을 하였다. 오랜만에 만나 맛있는 점심을 먹고 커피도 한잔하면서 수다를 떤다. 친구와의 만남은 생활의 활력소가 된다. 둘 다 애기 엄마라 만나자 마자 헤어져야 할 시간을 체크한다. 나는 4시까지 아이를 데리러 가면 되었지만 친구는 2시까지 가야 한단다.

우리는 1시 30분에는 헤어져야 했다. 우리는 10시 30분에 만나서 3시간 정도의 시간이 있었다. 여자들은 공감할 것이다. 실컷 이야기하고 나서도 할 이야기가 더 남아 있어 헤어질 때 무척이나 아쉽다. 그리고 오랜만에 만난 경우는 그 아쉬움이 배가된다.

우리에게 주어진 시간은 3시간! 브런치로 허기를 채우고 바로 커피숍으로 간다. 아기 키우며 힘든 이야기, 아이 교육 이야기, 남편 이야기 등 애기 엄마들의 필수 주제로 대화를 하다 보면 시간가는 줄 모른다. 1시 30분은 다 되가는데 "10분만 더 있을까?"라고 이야기한다. 아쉬운 대로 10분만 더 있다가 자리에서 일어난다. 반갑고 아쉬운 만남을 끝으로 서로 포옹 한 번을 한 후에 헤어진다.

나는 아이 하원시간까지 시간이 좀 남았다. 일단 어린이집으로 목적지를 설정한다. 어린이집 주차장에 차를 세워두고 차에서 한 시간 남짓 책을 읽는다. 차 안에서 책을 읽는 것은 무척 집중이 잘된다. 방해할 사람도 없고 조용하기 때문이다. 그리고 음악을 틀어놓고 책을 읽을 수도 있다. 일단 어린이집 근처에 와 있기 때문에 마음이 무척 여유롭다. 1분이면 아이를 데리러 갈 수 있으니 말이다.

가끔 나는 오전 모임을 하고 아이 하원 때까지 여유 시간이 생기면 차에 앉아서 책을 읽는다. 그리고 아이를 데리러 간다. 위에서처럼 한 시간

이상 남을 때도 있지만 5분, 10분 정도의 시간이 생겨도 틈새 책 읽기를 한다.

만약 약속 장소에 일찍 도착할 경우는 어떤가? 예전에는 약속 장소에 일찍 도착하면 미리 식당에 가있었다. 아니면 쇼핑몰 안의 다른 매장들을 둘러보며 아이쇼핑을 했다. 그러나 요즘은 약속 장소에 일찍 도착하면 주차장에서 책을 읽은 후 시간 맞춰 들어간다. 실내 주차장의 경우 차 안에서 책 읽기가 힘들 수 있다. 생각보다 어둡기 때문이다. 그러면 차량 내 조명을 켜두고 책을 읽어보자. 처음에는 약간 어색한데 여러 번 하다 보면 익숙해진다.

요즘 나는 책 읽는 것을 좋아하고 책에서 좋았던 내용을 친구에게 자주 이야기했다. 하루는 친구에게 전화가 왔다. 친구는 "뭐해? 너 또 책 읽고 있어?"라고 먼저 묻는다. 내가 "응"이라고 하니 "책 엄청 좋아하는 구나."라며 먼저 나의 안부를 묻기도 했다.

'습관은 처음에는 거미줄처럼 가볍지만 이내 쇠줄처럼 단단해진다.'라는 탈무드 속담이 있다. 거미줄은 약한 힘에도 금방 끊어진다. 그런데 쇠줄은 아무리 힘을 주어도 끊어지기 힘든 단단함이 있다. 책 읽기는 처음에는 거미줄처럼 가벼울 수 있다. 약한 의지, 여러 가지 변수로 인해 힘들게 만든 책 읽기 거미줄이 끊어질 수 있다. 그러나 다시 거미줄을 치고 또 거미줄을 치면서 단단한 쇠줄을 만들어보자. 하루하루 밥 하듯이, 밥 먹듯이, 달콤한 간식을 먹는다 생각하고 책을 한 장 한 장 먹어보자. 어느새 쇠줄처럼 단단하게 언제 어디서나 책 읽고 있는 당신을 발견할 수 있을 것이다. 지금 당장 책을 먹으러 가보자. 거미줄을 쇠줄로 만드는 데 같이 동참해보자.

06

참고서처럼 꼼꼼하게 읽지 말자

책을 읽을 때 사람들은 어떠한 방법으로 읽을까? 이런 질문이 생소한 사람들도 있을 것이다. '책 읽는 방법이 있는 거야? 당연히 책의 처음부터 끝까지 한 자도 놓치지 않고 읽어야 하는 거 아니야?'라고 반문하는 사람들이 있을 것이다. 학창 시절 공부할 때 우리는 어떻게 공부했는지 생각해보자. 선생님은 분별력 있는 시험문제를 내야 한다. 그래서 난이도 조절을 한다. 기초, 개념, 응용 단계로 시험문제를 출제하신다. 그렇다면 우리는 시험을 잘 보기 위해서 어떻게 공부해야 할까? 당연히 제일 기본이 되는 개념을 이해하고 응용문제까지 풀 수 있을 정도로 교과서를 이 잡듯 꼼꼼히 보며 몽땅 공부해야 한다. 이렇게 우리는 초등, 중등, 고등학교, 대학교까지 적게는 12년~16년이란 시간을 참고서를 가지고 꼼꼼히 공부했다.

성인이 되어서 책 읽기 역시 학창 시절 경험했던 교과서, 참고서의 연장선으로 생각하게 된다. 의심의 여지없이 당연히 꼼꼼히 읽는다. 무의식에 우리는 10년이 넘는 시간을 꼼꼼히 읽는 것으로 학습된 것이다. 꼼꼼히 읽기의 문제점을 인식하지 못한 채 말이다.

예전에 TV프로그램에서 안철수 씨가 출연한 방송을 본 적이 있었다. 그분은 소문난 독서광이었다. 사회자가 "어떻게 그렇게 독서를 많이 하십니까?"라고 묻자 안철수 씨는 자기는 활자 중독이라서 책의 겉표지부터 마지막장에 있는 출판사 정보까지도 빠트리지 않고 읽는다고 하였다. 나는 그 인터뷰를 보고 '책을 저렇게 읽어야 하는 거구나.'라고 생각했다. 그리고 나는 안철수 씨의 책 읽는 방법을 따라 하려고 했다. 그가 한 것처럼 일단 책을 좋아하고 책 속의 모든 내용을 하나도 빠짐없이 읽어야겠다고 마음먹었다.

책의 겉표지, 목차, 그리고 책의 본문, 책의 뒤표지 어느 것 하나도 놓치지 않으려고 애를 썼다. 책을 꼼꼼히 읽어야 한다는 부담감 때문이었는지 도무지 진도가 나가지 않았다. 책 읽기를 가볍게 생각할 수 없었다.

내 방식이 아닌 누군가가 알려준 방법대로 똑같이 따라 하려다 보니 책 읽기의 즐거움을 느끼지 못한 것이다. 그러다 보니 한동안 책 읽기를 하지 않았다. 나는 책 읽기의 다른 방법을 찾아보아야 했다.

최근에도 나는 독서를 할 때 안철수 씨만큼은 아니지만 되도록 책의 내용을 빠트리지 않고 읽는 내 모습을 발견했다. 책을 다 읽지 않으면 왠지 15,000원이라는 책 값이 아깝다는 생각이 들었던 것이다.

뷔페에 가면 어떤가? 한식, 일식, 중식, 분식, 해산물, 피자, 스파게티 100가지도 넘는 음식이 다양하게 차려져 있다. 비싼 값을 내고 왔으니 여기 있는 맛있는 음식을 다 먹겠다는 생각으로 접시를 든다. 하지만 생각만큼 많은 음식을 먹지 못한다. 그리고 한 번에 너무 다양한 종류의 음식을 먹다 보면 음식의 고유한 맛을 느끼지 못한다. 금세 음식에 질려 버리게 된다. 돈 생각에 이것저것 먹다 헛배만 부른 경험이 있을 것이다.

책 읽기 역시 아까운 책값 생각에 꾸역꾸역 읽는다. 어찌어찌 책을 읽었지만 이해가 안 되고 책의 내용도 기억이 나지 않는다. 나 역시 제값 주고 산 책을 다 읽어야만 한다는 마음의 부담감이 있었다. 그래서 처음부터 끝까지 한 자도 빼먹지 않고 읽으려고 했다.

책값의 부담감 말고도 책을 꼼꼼하게 읽는 이유는 또 있다. 내가 읽지 않고 넘어간 부분에 저자가 아주 중요한 내용을 담아놓았을 것 같은 불안함 때문이다. 그래서 책을 더 꼼꼼하게 읽게 된다. 나는 이 점 때문에 발췌독을 하기 힘들었다. 꼼꼼하게 읽는다고 책의 내용을 다 기억하는 것도 아닌데 말이다.

완벽주의 성향의 사람들이 있을 것이다. 공부를 하기 전, 업무를 하기 전, 청소를 하기 전에 모든 것이 완벽하게 준비되어야 움직이는 사람들 말이다. 완벽주의 성향의 사람들에게 책 읽기는 무조건 꼼꼼하게 읽어야 하는 것이라고 생각할 수도 있다.

완벽하게 다 읽을 필요가 없다. 내가 필요한 부분, 눈길 가는 목차만 골라서 읽어도 한 권의 책을 다 읽었다고 할 수 있다. 왠지 누군가 "너 이 책 읽었다며?" 물을 때, 책을 처음부터 끝까지 읽지 않으면 독서를 했다고 말하기 쑥스럽거나 부끄러워하는 사람들이 있을 것이다. 나 역시 그랬다. 왠지 책을 읽지 않고 책을 봤다고 거짓말을 하는 것 같은 생각이 들었다. 그래서 독서는 완독과 정독으로 하여야 한다고 생각했다. 부담 감으로 책을 읽는 것이다.

고등학교 때의 일이다. 토요일 오전 수업을 마치고 통학버스를 타고 집에 가는 길이었다. 차 안에서는 다들 주말에 무엇을 할지 이야기하고 있었다. 그중 A라는 친구가 현재 상영하는 영화를 영화관에서 볼 것이라고 이야기했다. 그랬더니 B라는 친구는 "〈출발! 비디오 여행〉에서 다 이야기해주는데 왜 영화관에서 영화를 봐!"라고 했다. 그 당시 나는 B라는 친구가 이해가 안 되었다. 영화는 영화관에서 큰 스크린으로 봐야 제 맛이라고 생각했던 것이다.

그렇다면 이 이야기를 책 읽기 상황으로 바꾸어 생각해보자. 만약 당신이 너무 바빠서 도저히 한 권의 책을 꼼꼼히 읽기 힘들면 인터넷 서점에 접속하자. 출판사에서 소개하는 글을 읽는 것으로 책 읽기를 갈음할 수 있다. 우리가 책을 읽을 수 있는 방법은 다양하게 있다. 무조건 꼼꼼하게 읽어야 하는 것은 아니다. 이제부터라도 독서의 고정 관념을 바꿔보자. 정독과 완독에 대한 부담감은 그만 내려놓길 바란다.

나는 지금 책 쓰기를 하고 있다. 여유 있게 천천히 원고를 써도 좋지만 아이를 키우며 원고 쓰는 것은 생각보다 여의치 않다. 그래서 되도록 빠른 시간 안에 책 쓰기를 마무리해야 한다. 책 쓰기를 하려면 다양한 책을 읽어야 한다. 나와 같은 주제의 책이나 의식 독서, 비슷한 류의 책들을 두루 읽어야 하다. 한정된 시간에 빠르게 책을 읽어야 한다. 그런데 참고서처럼 꼼꼼하게 읽으면 하루를 투자해도 한 권의 책을 읽기가 어렵다.

시간이 돈인 세상이다. 내가 원하는 정보를 빠른 시간 안에 찾는 것이 중요하다. 그래서 나는 경쟁 도서 10권을 구입하여 필요한 부분만 뽑아서 읽고 있다. 정서빈 작가의 『감정 독서법』, 임원화 작가의 『하루 10

분 독서의 힘』, 유근용 작가의 『1日 1行의 기적』, 전안나 작가의 『1천권 독서법』, 강수현 작가의 『미라클 독서법』, 황준연 작가의 『하루 1시간 독서 습관』, 안명숙 작가의 『재테크 독서로 월 100만 원 모으는 비법』, 정소장 작가의 『퇴근 후 1시간 독서법』, 『몸값 높이는 독서의 기술』 등의 독서 관련 책들을 발췌독으로 읽었다. 어떤 책은 한 꼭지 정도만 읽기도 하고 어떤 책은 한 권을 다 읽기도 했다. 약 10권 정도의 책을 짧은 시간 안에 읽었다. 그리고 그 이외의 다른 책들도 추가로 읽으면서 원고를 쓰고 있다. 나는 지금 책 읽기 방법을 바꾸어 빠르게 독서를 하고 있다.

책 읽을 시간이 없는 사람들이라면 더더욱 꼼꼼하게 읽지 말자. 성공한 사람들은 어떤가? 하루에도 여러 개의 스케줄을 소화한다. 평범한 사람들이 보면 그렇게 많은 일을 하루에 다 처리할 수 있을까 싶은 업무 강도이다. 그러나 성공한 사람들은 그렇게 바쁜 중에도 독서를 한다. 그들이 시간이 많아서일까? 참고서처럼 책을 읽는다면 그들도 책 읽기가 부담스러울 것이다. MIT대학의 학생들은 한 번에 30권의 책을 동시에 본다고 한다. 필요한 부분만을 뽑아서 읽는 것이다.

매일매일 10첩 반상의 식사를 할 수는 없다. 매번 10가지 반찬을 준비하기에는 우리는 너무 바쁘다. 한 끼는 반찬 하나, 국 한 그릇에 밥을 먹기도 하고 한 끼는 라면으로 끼니를 때울 수도 있다. 한 끼 빵을 먹었다고 해서 식사를 하지 않은 것은 아니다. 책을 읽는 것도 마찬가지다. 매번 완벽한 식사를 챙겨 먹는 것처럼 하지 않아도 된다. 하루 인스턴트 음식을 먹었다고 해서 큰일나는 것이 아니다. 한 권을 꼼꼼히 완벽하게 읽지 않아도 마음의 양식은 내 머릿속에 차곡차곡 쌓이게 된다. 걱정하지 말자. 우리는 시험을 치루는 학생이 아니다. 그저 책을 통해 마음의 양식을 쌓고 심신의 안정을 찾으면 된다. 책 읽기를 마치 대청소를 하며 집안 구석구석 먼지를 털어내듯이 하지는 않아도 된다. 대청소가 매번 필요한 것은 아니니 말이다.

07

독서 모임으로 행복한 독서를 하자

우리가 하고 있는 모임의 종류와 성격은 다양하다. 학교에서 만들어진 동아리 모임, 졸업 후에는 동창 모임, 아이가 있는 엄마들은 아이 친구 엄마 모임, 사회에서는 같은 부서 동료 모임, 취미가 같은 사람들의 모임 등 세상에는 다양한 성격의 모임들이 많이 있다. 이런 모임들은 자신의 관심과 취미에 의해 만들어진다.

이런 모임 안에서 다양한 생각과 정보, 감정을 공유하게 된다. 모임은 단순히 표면적인 정보 공유를 떠나 정서적 즐거움과 행복을 느낄 수 있는 하나의 창구이다.

나도 예전에 그런 모임을 했다. 아가씨 때 나는 공연 보는 것을 좋아했다. 특히 뮤지컬을 너무 좋아했다. 그런데 뮤지컬 입장권이 생각보다 많이 비쌌다. VIP 좌석의 경우 10만 원 이상이다. 월급쟁이 입장에서 한 번의 공연에 십만 원 이상의 가격은 조금 부담스러웠다. 물론 2~3만 원 짜리 입장권도 있었다. 그런 좌석에서는 배우들의 모습이 잘 보이지 않는다. 배우들을 자세히 보려면 망원경을 준비해야 한다. 망원경을 사용하여 공연을 보는 것은 숲을 보지 못하고 나무를 보는 것과 다름없다. 한 번을 보더라도 좋은 자리에서 온전히 공연을 느끼고 싶었다. 영화관에서 영화를 보더라도 좋은 자리에 앉고 싶은 그런 마음과 똑같은 것이다.

그래서 나는 뮤지컬에 관심 있는 후배 2명과 뮤지컬 모임을 시작했다. 한 달에 3만 원씩 회비를 모아 일 년에 2~3번 정도 함께 공연을 보러 다녔다. 무척이나 신나고 즐거웠다. 빡빡한 직장 생활의 활력소가 되었다. 배우들의 열정적인 연기와 오케스트라의 멋진 연주는 눈과 귀를 즐겁게 하는 최고의 경험이었다. 후배들과의 모임은 몇 년간 지속하였고 그동안 같이 본 공연도 꽤 되었다.

그런데 3명 중 2명이 결혼을 하면서 주말에 시간을 내어 공연을 보기가 생각보다 쉽지 않았다. 1년 이상 모임을 갖지 못했다. 우리는 나중에 다시 모임을 시작하자고 이야기하였다. 모아 놓은 돈은 3등분 하여 각자 돌려받았다. 그것으로 뮤지컬 공연을 보기 위해 만들었던 모임은 해체되었다. 나의 유일한 취미 모임이 이렇게 없어져서 아쉬움이 너무 컸다. 몇 년 안에 다시 모임이 다시 시작되길 기대해본다.

요즘 나는 독서 모임을 하고 있다. 함께하는 사람들은 책 읽기에 관심이 많은 다양한 분야의 사람들이다. 모임의 인원은 약 8~9명 정도이다. 매달 각자 4권의 책을 선정하여 읽는다. 두꺼운 책의 경우 한 달에 걸쳐 읽기도 한다. 독서 모임은 읽은 책의 권수가 중요한 것이 아니라 책 읽기를 지속적으로 할 수 있게 서로 격려하고 응원하는 데 목적이 있다.

내가 독서 모임에 참석한 지 벌써 햇수로 4년 차이다. 책 읽기의 중요성을 알고 그 목적을 실천하려고 모인 사람들이다. 성인이 된 후 책 읽을 일이 생각보다 많지 않다. 이렇게 독서 모임을 하게 되면 의도적으로 책을 읽게 된다. 한 주 한 주 모임에 참석해 리뷰를 해야 하니 책임감 때문이라도 책을 읽게 된다. 너무 바빠서 책을 한두 페이지밖에 읽지 못했다고 해서 누구 하나 질책하거나 싫은 소리를 하는 사람은 아무도 없다. 그것도 무척이나 훌륭하다고 서로 격려해준다. 한두 페이지 읽은 것도 이야기를 나눈다. 이야기를 하면서 스스로 다음 주에는 더 열심히 책을 읽어야겠다는 동기부여도 된다. 나 역시 책을 읽지 못하고 모임에 참석했던 적이 수없이 많았다. 이번 주에 왜 책을 읽지 못했는지 이야기하면서 다음 주는 꼭 책을 읽겠다고 결심을 한다.

독서 모임의 첫 번째 장점은 반강제적인 책 읽기를 하게 된다는 것이다. 회원들이 "꼭 읽으셔야 합니다!"라고 이야기하지는 않는다. 하지만 모임에 나온 사람들의 성실함을 눈으로 보면서 나 역시 책을 읽어야겠다는 동기가 자동적으로 생긴다.

두 번째 장점은 사람들의 다양한 의견과 여러 종류의 책을 경험할 수 있다는 것이다. 사람들은 나이가 들어가면서 점점 자신만의 생각과 고집이 생긴다. 나도 모르게 나의 생각과 의견만이 정답이라고 믿게 된다. 사고의 유연함이 점점 떨어지게 되는 것이다. 점점 사고의 흐름이 한쪽 방향으로만 흐르게 된다. 또한 책을 고를 때도 한 가지 분야만 고집할 수도 있다. 그런데 나는 독서 모임을 하면서 사람들의 다양한 생각을 자연스럽게 접할 수 있었다. 책을 읽고 느끼는 감정, 깨달음, 나의 삶에 적용하여 할 점 등을 그들만의 재해석한 언어로 들을 수 있었다. 같은 책을 읽었더라도 사람마다 감동적으로 느꼈던 부분이 다 다르게 다가온다는 것도 알게 되었다.

다른 사람의 리뷰를 들으면서 간접적으로 책을 경험하게 된다. 독서 모임 참석만으로 한 번에 여러 개의 책을 읽은 효과를 볼 수도 있다. 하루는 한 분이 최성애, 조벽, 존 가트맨 작가의 『내 아이를 위한 감정코칭』이라는 책을 읽고 리뷰를 해주셨다. 그분은 군대에 간 장성한 아들이 2명이나 있는 분이셨다. 이 책을 아이들 어릴 때 읽고 최근 다시 읽게 되었는데 지금도 무척 도움이 된다고 말씀하셨다. 어린 자녀를 키우는 아이 엄마라면 꼭 한 번 읽어보길 바란다며 강력하게 추천해주셨다. 독서 모임을 하다 보면 내가 알지 못하는 좋은 책들을 추천받게 된다. 책을 읽으면서도 이 책이 나뿐만 아니라 누군가에게 도움이 될 수 있을까를 생각하며 독서를 하게 된다.

세 번째 장점은 책을 읽고 많은 사람들 앞에서 리뷰를 하며 나의 표현력과 자신감이 높아진다는 것이다. 이것은 내가 독서 모임을 하며 가장 많이 도움 받았던 부분이다. 결혼 후 다수 앞에서 나의 의견을 표현할 기회가 많지 않았다. 친구들과의 만남도 일대일 만남이 대부분이었다. 그래서 많은 사람들 앞에서 내 이야기를 한다는 것이 어색하고 불편했다. 그런데 가볍게 시작한 독서 모임은 매주 발표가 있었다.

처음에는 책을 읽고 많은 사람들 앞에서 이야기를 한다는 것이 무척 걱정되었다. 드디어 내 차례가 되었다. 모두 기대를 한껏 한 것처럼 초롱초롱한 눈빛으로 나를 바라보고 있는데 부담스러웠다고 할까. 왠지 책을 읽고 내 생각을 표현하는 이 순간에 나의 얕은 지식을 들켜버릴 것만 같은 느낌이 들었다. 그날 내가 어떤 말을 했는지 생각도 나지 않는다. 1~2분간의 짧은 소개였지만 쥐구멍에 숨고 싶은 심정이었다. 발표 후 나는 너무 떨렸다고 호들갑을 떨었다. 그런데 사람들은 잘했다고 칭찬을 해주었다. 처음에 나는 회원들의 칭찬을 믿지 않았다. 떨리고 창피한 마음 때문이었다.

첫 번째 발표 후 4년간 매주는 아니지만 여러 번 책 리뷰를 할 기회가 있었다. 다른 사람들의 리뷰를 듣고 "와~!" 하며 감탄을 했던 적도 많았다. '저분은 어떻게 표현하셨는데 사람들이 이렇게 호응을 하는 걸까?' 하고 고민도 해보았다. 그리고는 '다음에는 나도 저렇게 해봐야지.'라고 생각했다.

독서 모임에서 나는 논리적이며 조리 있게 말하는 방법도 자연스럽게 터득하였다. 또한 무대에서 발표하는 것에 대한 공포감도 줄어들었다. 사실 나는 누군가와 이야기할 때 자주 얼굴이 빨개졌다. 다들 아무렇지 않게 생각하는데 나 혼자만 두근거리고 떨렸다. 결국 말을 하는 동안 점점 얼굴이 홍당무처럼 빨개졌다. 그러나 이제는 많은 사람들 앞에서 발표를 하여도 편안하다. 신기한 일이다. 독서 모임의 사람들도 예전의 나의 모습을 알고 있었다. 요즘은 나에게 "현주 씨! 이제 얼굴 빨개지지 않는데~!" 하고 변화된 내 모습을 칭찬해준다. 나는 점점 자신감을 찾아가는 중이다.

사람들은 모임을 통해 나에게 어떤 이익이 될 수 있을까를 생각해본다. 친목 도모의 친구 모임은 친구들을 만남으로서 정서적 안정과 위로, 행복감이라는 이익을 얻을 수 있다. 취미 동아리 같은 경우는 같은 취미를 가진 사람들을 만남으로써 공감대를 형성하고 취미활동의 정보를 공유할 수 있다.

나는 독서 모임을 시작할 때 '책을 좋아하는 사람들과 함께 책을 읽으면 좋겠다.'라고 가볍게 생각했다. 그냥 큰 목적 없이 가벼운 마음으로 시작하였다. 그런데 꾸준히 하다 보니 기대하지 않은 여러 가지 장점이 있었다. 먼저 독서 모임은 책 읽기 습관을 들이는 데 도움이 되었다. 또 다양한 종류의 책을 경험하게 되었다. 마지막으로 낮은 자존감을 높여주었고 말하기 능력을 키우는 데도 도움이 되었다.

처음부터 이런 장점을 생각하고 시작한 모임이 아니었다. 그런데 이런 엄청난 변화를 갖게 된 것이다. 혹시 지금 혼자서 책을 읽고 있는가? 내가 읽은 책을 누군가와 소통하는 모임을 가볍게 한번 시작해보자. 책 읽기 모임을 함께하는 동료들은 독서라는 매개를 통해 인생의 든든한 동반자가 되어줄 것이다. 그것은 내가 경험해보았기 때문에 확실하다고 말할 수 있다. 매주 모임에 가고 싶은 생각이 절로 들 것이다. 함께하는 것만으로도 힐링이 된다. 소수 인원이어도 좋다. 당장 인터넷 카페나, 주변 지인들에게 "○○야, 올해는 우리 같이 책을 읽자."라고 연락해보자. 바로 반응이 올 것이다. 당신이 책모임의 장이 되는 것이다. 모임의 대표가 되었다는 책임감에 더 열심히 책을 읽게 된다. 어서 연락을 해보자.

5장

나는 독서로
내 감정의 주인으로
사는 법을 배웠다

나는 독서로 내 감정의 주인으로 사는 법을 배웠다

우리는 사회적 동물이다. 나 혼자 세상을 살아가는 존재가 아니다. 가깝게는 나의 가족, 친구, 직장 동료, 학교 선후배 등 다양한 사람들과 공존하며 살아간다. 이런 사회적 관계는 때론 나에게 힘이 되고 고단한 삶을 살아내는 원동력이 된다. 나와 타인 사이의 긍정적인 시너지는 세상을 혼자 살아가는 것보다 훨씬 큰 힘을 내게 한다.

당신도 누군가로부터 힘을 얻을 것이다. 힘든 회사 생활을 마치고 집에 돌아왔을 때 토끼 같은 아이들이 반갑게 맞아준다. 그러면 하루의 고단함이 한 번에 싹 달아날지도 모른다. 누군가 정성껏 차려준 저녁을 먹으면서 바닥난 에너지를 채울 수 있다. 이렇게 사람은 누군가로부터 긍정적인 에너지를 받으며 살아간다. 하지만 내가 나의 감정을 무시하고 나와 연관된 사람들의 감정만을 따르다 보면 나는 점점 병들어갈 수도 있다.

내 감정을 솔직하게 드러내지 못하고 다수의 의견을 따라야 하는 경우는 생각보다 많이 있다. 내 경험 중 내 감정에 가장 솔직하지 못했던 적은 직장에 다닐 때였다. 직장의 위계질서, 나만 튀어서는 안 된다는 강박감 때문에 다수의 의견을 많이 따랐다. 회식자리가 싫어도 어쩔 수 없이 참석해야 했다. 강제적인 종교 교육도 군소리 없이 1년을 들었다. 열정과 재미도 없는 무조건적인 합창 수업도 매주 나가야 했다. 도살장 끌려가는 소처럼 다들 영혼이 없었다. 앞에서 열심히 가르치는 선생님이 안타까울 지경이었다. 이 회사를 다니면 누구나 다 해야 한다는 암묵적인 규칙이었다.

회사를 다니는 동안 나는 나의 감정에 솔직하기 어려웠다. 최대한 숨기고 드러내지 않으며 조용하고 무탈하게 회사 생활을 해야 했다. 그래야 하는 줄 알았다. 다수의 의견에는 당연한 이유가 있다고 생각한 것이다. 사실 솔직히 말하자면 나 혼자 튀는 행동을 했을 때 주변에서 쏟아지는 매서운 눈초리가 무서웠던 것은 아닌지 모르겠다.

하지만 요즘 친구들은 나와는 다른 것 같다. 나의 의견과 감정을 굉장히 중요하게 생각한다. 자신의 생각을 표현하는 데 자연스럽다. 오히려 기성세대들이 90년대 생과 함께 일을 하려면 그들을 알아야 한다고 생각한다.

최근 남편 친구 부부를 만났다. 남편 친구는 회사에서 1년간 교육을 받고 1월에 복직을 할 예정이라고 했다. 복직을 앞두고 BTS 노래를 즐겨 듣고 있다고 했다. 나는 BTS를 알기는 했지만 멤버 구성이나 노래는 잘 몰랐다. 남편 친구는 젊은 친구들과 일을 하려면 그들의 문화와 생각, 사고, 관심사를 알아야 한다고 했다. 그런 것을 모르고는 함께 일하기 힘들다고 했다. 젊은 친구들은 자신의 감정과 생각을 거침없이 표현한다는 것이다. 한번은 '스벅'이라는 말을 못 알아듣자 팀장님 그것도 모르시냐며 오히려 반문했단다. 같이 식사를 하러 가면 메뉴 통일은 쉽지 않다고 한다. 각자 먹고 싶은 것이 다르기 때문이다. 내가 90년대 생을 예의 없다고 이야기하는 것이 아니다. 그들은 언제 어디서든 눈치 보지 않고 본인의 생각과 감정을 잘 표현한다는 것이다. 나는 이런 현상이 너무 긍정적이라고 생각한다.

나는 우리 딸이 자라면서 본인의 감정을 제대로 이해하고 표현하는 삶을 살았으면 한다. 나는 그렇지 못했기 때문에 우리 딸은 그러기를 간절히 바라는 것이다. 또래 관계, 가족 관계, 학교 생활, 조직 안에서도 나의 목소리를 당당하게 내기를 바란다.

나는 나의 목소리를 내는 것에 익숙하지 않았다. 그러다 보니 표현하지 않는 내 마음을 상대는 당연히 알 수가 없다. 상대가 독심술이 있지 않는 이상 표현하지 않은 생각과 감정을 어떻게 알 수 있겠는가. 그러다 보니 내 마음을 몰라주는 상대에 대한 서운함과 미움이 점점 생겨난다. 주된 대상은 바로 남편이었다.

연애 때부터 우리는 그 당시 남자친구였던 남편과 이야기를 많이 하였다. 하루라도 전화를 하지 않는 날이 없었다. 우리는 대화를 많이 하는 아주 건강한 연애를 했다고 생각했다. 그리고 결혼을 하고도 이런저런 이야기로 밤을 새기도 했다. 그런데 내 마음 한구석은 뭔가 덜 채워진 느낌이 자주 들었다. 누가 봐도 우리는 대화를 많이 하는 부부인데 이상하게 느껴졌다. 왜 이런 마음이 드는지 곰곰이 생각해보았다.

나는 나의 감정을 솔직하게 드러내지 않았던 것이다. 대부분 남편의 의견을 따르고 있는 내 모습을 발견하였다. 그러면서 나의 의견을 무시당한 것 같았다. 남편은 항상 "현주는? 현주는 뭐하고 싶은데?"라고 나의 의견을 물어보았다. 그런데도 나는 내가 원하는 대로 100프로 못 하고 있다고 생각했다. 그러면서 나도 모르게 남편을 고집쟁이로 몰아가고 있었다. 내 마음속 남편에 대한 부정적인 감정은 나를 더욱 나쁜 아내로 만들고 있었다. 말 한마디를 해도 퉁명스럽고 눈빛 하나도 다정하지 못했다. 내 안의 존중받지 못했다는 잘못된 감정들은 나의 말과 눈빛, 행동들을 못되게 표출하게 하였다.

오리슨 스웨튼 마든의 『행복하다고 외쳐라』에서는 "모든 감정은 육체를 아름답게 또는 추하게 만든다. 걱정, 안달, 울화, 성마름, 불만족, 부정직한 행동, 거짓, 부러움, 질투, 공포 등은 마치 독약이나 신체 기형처럼 몸과 마음에 해로운 작용을 한다."라고 한다. 나의 감정이 육체에 미치는 영향이 독약을 먹을 것과 같은 해로운 작용을 한다니 놀라지 않을 수 없다. 나는 부정적 감정을 더 이상 나에게 둘 수 없었다. 내 마음의 주인이 되어 모내기를 하듯 부정적 감정을 솎아내야 했다. 내 마음의 방을 아름다움으로 채워야 했다. 외면이 아름다워지기를 바란다면 일단 내면이 아름다워야 하는 것이다. 아무리 외형을 가꾸어도 내면의 불행은 외부로 표출되기 마련이다. 나는 이제 내 감정의 주인이 되기로 결심하였다. 링컨은 "사람들은 마음먹은 만큼만 행복해진다."라고 말한다. 나는 행복해지기로 결심했다. 내 감정을 행복으로 가득 채운다. 행복해지려고 마음먹자. 그럼 나는 행복해질 것이다.

지금 내 감정을 자세히 들여다보자. 내가 어떤 감정을 자주 느끼고 어떤 감정이 나에게 힘을 주는지, 어떤 감정이 나를 힘들게 하는지 알아야 한다. 손자는 '적을 알고 나를 알면 백전백승'이라고 말했다. 나의 마음을 알고 나를 이해하면 어렵고 두려운 세상에서 강한 무기를 장착한 채 이기는 삶을 살아갈 수 있다. 이긴다는 것은 누군가를 상처내고 괴롭힌다는 말이 아니다. 내가 원하는 목표, 해결해야 할 문제가 있다면 언제든 이루어내고 헤쳐나갈 수 있다는 말이다.

우리는 그동안 너무나 많은 시간을 다른 사람의 의견, 생각, 감정을 살피며 살아왔다. 정작 나를 살펴야 한다는 것을 잊고 지낸 것이다. 나의 감정은 다른 사람에 의해 좌지우지되어서는 안 된다. 내 감정은 온전히 나로 인해 만들어지고 느껴져야 한다. 나는 더 이상 불안, 불편, 불쾌, 불행, 좌절, 열등, 증오와 같은 감정들을 내 안에 들어오지 않게 한다. 부정적인 감정은 이제 우주로 던져버리기로 했다. 내 안에 긍정, 행복, 축복, 사랑, 감사, 용기, 도전을 꾹꾹 담아 넣는 연습 중이다. 내가 원하는 감정들만 느끼고 생각하기로 한 것이다. 이런 과정이 앞으로의 내 인생을 얼마나 멋지게 변하게 할지 벌써부터 설렌다.

책은 행복의 원천이다

행복이란 무엇일까? 크고 넓은 집, 멋진 스포츠카, 명품 가방과 옷, 매 끼니 고급 레스토랑에서의 식사, 넘쳐나는 경제적 여유라고 생각할 수도 있다. 나도 이런 것들이 나에게 주어지면 당연히 행복할 것이라고 생각 했다. 당장 내가 가질 수 없는 것들을 갈구하며 현재 나의 상황을 비관하 였다. 나만 빼고 다들 잘사는 것 같았다. 다들 행복이 넘쳐흐르는 것 같 다.

TV를 켜면 각종 방송사에서 관찰예능 프로그램이 넘쳐난다. 연예인들의 일상을 너무도 자세히 보여준다. 아이를 데리고 방송에 출현하는 연예인들도 많다. KBS〈슈퍼맨이 돌아왔다〉는 꽤 오래된 프로그램이다. 예전 송일국 씨가 삼둥이를 데리고 나올 때부터 나도 즐겨 보았던 프로그램이다. 그 당시 나는 결혼 전이었고 아이도 없었기 때문에 아빠가 귀여운 아이들과 좌충우돌 육아하는 모습이 마냥 귀여워서 즐겁게 보았다.

몇 년 뒤 내가 결혼을 하고 아이를 낳아 다시 프로그램을 보았다. 그런데 결혼 전에 보았던 똑같은 프로그램인데도 바라보는 관점이 확연히 달라졌다. '애들한테 저런 옷을 입히네. 장난감은 저렇게 많아? 집이 엄청 크고 좋다. 아이 식기랑 유모차는 어디 제품이지? 애들이랑 저런 체험 활동을 하고 있네?' 프로그램을 보는 동안 나는 아이와 아빠의 즐거운 일상을 편하게 시청하지 못했다. 매의 눈으로 그들이 사용하는 것, 생활하는 공간, 아이에게 해주는 활동 등을 꼼꼼하게 살피고 있었다. 그러면서 우리 아이한테는 해주지 못한 것만 떠올리며 상대적 박탈감을 느꼈다. 나의 생활을, 나의 처지를 비관하는 부정적인 마음이 더 많이 생겼다. 안 되겠다 싶었다. 그 뒤로 예능 프로그램은 되도록 보지 않으려고 했다.

요즘 나를 되돌아보니 나는 평소 질투가 많은 사람이었다. 내가 가지지 못한 것을 가진 누군가를 부러워하고 상대적으로 갖지 못한 나를 초라하게 생각하는 경향이 컸다. 물질적 만족을 더욱 중시한 사람이었던 것이다. 물질적 풍요가 따라야 행복한 것이라는 생각이 지배적이었다.

예전에 나는 내가 감당할 수 있는 경제적 수준에서 물건을 자주 샀다. 그중 귀걸이와 구두를 꽤 많이 샀었다. 참새가 방앗간을 살피듯이 나는 퇴근길에 귀걸이를 사기 위해 자주 매장에 들었다. 한 달에 많게는 3~4번씩 들러서 다양한 귀걸이를 샀다. 단골인 나를 매장 언니는 "언니 왔어요."라며 매번 반갑게 인사해주었다. 언니는 나에게 어울리는 귀걸이를 잘 추천해주었다. 그러면 나는 기분이 좋아져서 바로 결제를 했다.

몇 년 동안 수원역 애경백화점에 있는 귀걸이 가게에 다녔다. 집에는 화려하고 반짝이는 귀걸이들이 넘쳐 났다. 오늘 스타일에 따라 어울리는 귀걸이를 하는 것은 나의 행복이었다. 그렇게 아가씨 때는 작은 귀걸이를 사며 행복을 느꼈다.

신발도 많았다. 엄마는 내가 결혼한 후에 "신발장에 네 신발이 엄청 많은데 가져갈 것은 가져가라. 안 가져가면 다 버린다."라고 말씀하실 정도였다. 친정 신발장에 있는 신발 중 다시 신을 만한 것은 없었다. 신발을 살 때마다 엄마는 "구두가 많은데 또 사니?"라고 매번 이야기하셨다. 그러면 나는 "이건 컬러가 다르다. 구두 굽이 다르다. 모양이 다르다." 하며 내가 신발을 사는 정당함에 대해 어필하곤 했다.

이때 나는 내가 좋아하는 귀걸이와 구두를 사는 데 온 정성을 다했다.

내가 좋아하는 물건을 소유하는 것이 행복이라고 믿었던 것이다. 반짝이는 귀걸이를 하면 내가 한층 더 예뻐 보였다. 뾰족하고 높은 구두를 신으면 구두굽 만큼 자신감이 높아진 것 같았다. 실제로 12cm나 되는 구두도 샀었다. 신고 다니면 불편하긴 했지만 그런 불편함은 껑충 커진 키로 대신할 수 있었다.

그런데 이렇게 사 모은 물건들을 지금 다시 보자. 그 당시 느꼈던 행복함은 느껴지지 않는다. 변색되고 고장 나버린 귀걸이, 낡고 닳아버린 구두를 보면서 '어떻게 처분해야 할까?'라는 생각뿐이다. 물건이란 사용 용도가 퇴색되면 나에게 불필요한 짐이 된다. 물건을 통해 기쁨과 행복을 느끼는 유효기한은 생각보다 너무 짧다. 작고 싼 물건이어서일까? 아니다. 물건의 크기와 비용과는 상관없이 내 마음의 문제이다.

예전에 남편이 결혼 전 생일 선물로 비싸고 좋은 명품 가방을 사줬다. 그 당시 나는 그 가방을 선물 받고 너무 기뻤다. 출근할 때 가방을 조수석에 조심스럽게 놓고 벨트까지 채워서 다녔다. 혹시라도 급정거하면 소중한 내 가방이 바닥에 떨어져 상처가 날까 애지중지 하며 다녔다. 외출 후에는 꼭꼭 천으로 닦아서 관리를 해줬다.

그런데 그 가방이 지금은 어떤 상태인가 하면 우리 집 드레스 룸 어딘가에서 빛도 못 보고 구석에 처박혀 있다. 물론 근사한 모임이 있다면 다시 나의 손에 들리게 될 것이다. 그런데 지금은 나의 관심 밖의 물건이 되었다. 요즘 내가 자주 들고 다니는 가방은 에코백이다. 이 가방은 빵집 오픈 때 만 원 이상 사면 사은품으로 나눠준 가방이었다. 난 이 가방이 가볍고 편안해서 자주 들고 다닌다. 예전에는 사은품으로 준 가방이나 물건들은 창피해서 안 가지고 다녔다. 그런데 이젠 그런 것에 관심이 없다. 누군가의 시선을 더 이상 신경 쓰지 않는다. 내가 사용하기 편리하고 좋으면 그만인 것이다.

요즘은 우리 집에서는 TV를 보지 않는다. TV는 있지만 케이블 방송을 신청하지 않았다. 물론 양질의 방송을 시청하는 것은 너무나도 도움이 될 것이다. 가끔 친정에 가면 TV를 본다. 자극적인 영상과 같은 내용을 시간차를 두고 반복해서 보여주는 모습이 이제는 흥미롭지 않다. 요즘은 오디션 선발 프로그램이 각종 방송사에서 물밀듯이 쏟아진다. 그런데 그런 방송을 본 사람들이라면 느낄 것이다. 결과 발표 순간을 얼마나 질질 끌면서 방송시간을 늘리는지 말이다.

한때 엄청난 유행을 몰고 온 MBC 〈복면가왕〉이라는 프로그램이 있다. 나 역시 즐겁게 본 프로그램이다. 결과 발표 순간 김성주 사회자가 "바로~~~~~~~~오오오오오오~~."라는 멘트로 얼마나 방송시간을 늘리는지. 물론 결과 발표를 앞두고 긴장감을 유지하기 위해 이런 방법을 쓰는 것이다. 이제는 너무 식상하고 재미가 없다. 채널을 돌려버린다. 방송사에서 사용하는 이런 시간 끌기 패턴은 〈복면가왕〉뿐이 아니다. 식당에서 식사를 하는 중 채널A의 〈도시어부〉 프로그램을 우연히 보았다. 이 프로그램 역시 물고기를 잡는 순간을 몇 번이고 반복해서 보여준다. 월척을 낚았는지 안 낚았는지 시청자들로 하여금 호기심을 갖게 하는 장면이 여러 번 반복되었다. 다양한 성향의 사람들이 있기 때문에 이런 프로그램을 즐겁고 재미있게 보시는 분들이 당연히 있을 것이다.

내가 이야기하고 싶은 것은 나는 더 이상 이런 프로그램을 보면서 예전처럼 행복과 즐거움을 얻지 않는다는 것이다.

내가 이렇게 행복을 느끼는 원천이 변하게 된 데에는 책의 힘이 크다. 책을 읽고 책 속의 내용을 다시 곱씹어 보면서 나는 행복에 대한 생각이 많이 변했다. 예전의 나는 행복은 외부에서 주어진 물질적 풍요로 인해 채워진다고 생각했다. 현재의 나는 행복은 나의 마음에서 비롯된다는 것을 알게 되었다. 책을 통해서 행복을 배운 것이다. 많은 물질적 부를 이룬 사람들 중에도 행복하지 않은 이들이 많다. 하지만 가진 것은 없지만 행복함으로 가득한 사람들을 볼 수 있다. 행복을 바라보는 마음의 차이 때문이다.

오리슨 스웨트 마든 작가의 『행복하다고 외쳐라』에서 "행복은 우리가 가지고 있는 것에서 찾을 수 있다는 것을 명심해야 한다. 다시 말해서 행복은 우리 밖에서 절대 찾을 수 없다. 성경은 이 사실을 강조하고 있다. 하느님의 나라(The kingdom of heaven), 즉 행복의 나라는 우리 안에 있다."라고 한다.

그동안 나는 물건을 소유하며 행복해지려고 하였다. 그러나 행복은 이미 가지고 있는 것이다. 진정한 행복은 밖에 있는 것이 아니었다. 물건을 소유함으로써 얻어지는 것도 결코 아니었다. 오로지 내면의 나의 목소리, 말에 귀 기울임으로 얻을 수 있는 것이다. 행복은 정신적 산물이다. 매일 나에게 일어나는 모든 일에 행복과 감사를 느끼려고 한다. 커피 한 잔을 마시며 여유로운 시간이 감사하다. 책을 읽고 있는 이 순간이 감사하다.

나는 책을 통해 행복의 관점을 바꾸었다. 잡히지 않을 것 같은 행복은 이미 내 안에 있었던 것이다. 내 안에 소중히 자리잡고 있던 행복을 알아차리지 못한 그동안의 시간을 반성한다. 잡힐 듯 잡히지 않는 행복이 아닌 이미 나에게 주어진 행복에 정성껏 물을 주고 거름을 주어 더 크게 키워야 한다. 오늘부터 책을 읽고 나와 함께 우리 안에 있는 행복을 더욱 크게 키워보자.

책을 읽고 소심한 과거와 결별했다

소심하다는 것은 대담하지 못하고 조심성이 많다는 말이다. 무슨 일을 처리하거나 결정할 때 안정적인 것만을 선택한다. 무언가를 결정하는 데 많은 경우의 수를 생각하느라 시간이 오래 걸리기도 한다. 마음이 단단하지 못한 사람들 중 소심한 사람들이 많이 있다. 그중 대표적인 사람이 나다.

우리는 자면서 다양한 꿈을 꾼다. 행복한 꿈, 무서운 꿈, 현실세계에서는 일어나지 않을 법한 기상천외한 꿈을 꾸기도 한다. 아니면 그리운 가족들을 꿈에서 만나기도 한다. 하루 중 가장 많이 고민했던 것을 꿈꾸기도 한다. 예지몽이나 태몽 등 종류도 다양한 여러 가지 꿈들이 있다. 나 역시 그동안 많은 꿈을 꾸었다. 소심함과 관련된 꿈들 말이다.

꿈에는 나의 마음이 반영되어 있다고 생각한다. 20대 때 나는 종종 이가 와르르 빠지는 꿈을 꾸었다. 한두 번이 아니었다. 나는 치아 건강이 좋지 않았다. 어릴 때 충치 치료한 것이 더 심해졌다. 그래서 2003년 거금을 들여서 치아 치료를 하였다. 그 뒤로 나는 치아 관리에 온 신경을 쏟았다. 만약 하루라도 양치를 안 하고 잠이 들면 어김없이 위아래 치아가 왕창 빠지는 꿈을 꾸었다. 이런 꿈을 여러 번 꾸자 이상한 생각이 들었다. '나는 왜 같은 꿈을 자주 꾸는 걸까?' 고민 끝에 나의 소심하고 걱정 많은 성격 때문이라고 결론지었다. 양치를 안 하고 잔 것이 밤새 신경 쓰였다. 양치를 안 하고 잘 수도 있다고 편하게 생각하면 될 일이었다. 양치를 안 한 날만 이 빠지는 꿈을 꾸었던 건 아니다. 스트레스 받는 날에도 같은 꿈을 꾸었다. 예민하고 소심한 성격 때문에 치아가 빠지는 꿈을 꾸었다.

어릴 때부터 최근 몇 년 전까지 꾸었던 다른 꿈이 있다. 이전 글에서도 이야기했지만 나는 많은 사람들 앞에서 이야기하는 것이 무척 힘들었던 사람이다.

고등학교 때 반에서 친구 두 명이 싸웠던 적이 있다. 무엇 때문에 싸웠는지는 기억이 잘 나진 않는다. 하지만 한 가지 장면은 또렷하게 생각난다. A와 B는 다툼이 있었다. A는 무척이나 흥분한 상태였고 B는 너무나 태연한 표정으로 자기 할 말을 조리 있게 딱 이야기하였다. 누가 봐도 말로써 A가 밀리는 상황이었다. 그렇게 몇 분간의 말싸움 후 두 친구의 싸움이 마무리되었다. 나는 이때 싸우는 중에도 흥분하지 않고 본인이 하고 싶은 말을 무덤덤하게 이야기하는 B가 너무 신기했다. 나 같으면 우느라 아무 말도 못했을 것 같았는데 말이다.

가끔 나는 꿈속에서 싸우거나 억울한 일을 당하는 꿈을 꾼다. 그러면 나는 꿈속에서 '내 잘못이 아니다. 나는 이러이러하다.'라는 말을 하고 싶다. 그런데 내가 말을 하고 싶어도 도저히 입이 떨어지지 않아 말을 하지 못하는 답답한 상황을 꿈속에서 마주한다. 그 답답함을 자고 있는 동안 온전히 다 느낀다. 신기한 일이다.

내가 꾸었던 꿈의 이야기를 하는 이유는 다름이 아니다. 내가 비슷한 종류의 꿈을 반복적으로 꾸면서 들었던 생각을 나누고 싶다. 나는 정신의학자나 심리상담가는 아니다. 하지만 나의 꿈에 자주 등장하는 소심한 나의 모습이 왠지 현실세계의 나의 모습을 반영하는 것 같았다. 그럴 때마다 나는 무척 속상하였다.

나의 꿈에는 현재 불안한 심리 상태와 스트레스가 반영되었던 것이다. '치료한 치아에 다시 충치가 생기면 안 되는데.'라는 불안한 심리 상태, '나도 사람들 앞에서 당당하게 나의 의견을 조리 있게 말하고 싶다.'라는 소망들이 스트레스 상태로 나의 내면에 내재되어 있었던 것이다. 나의 무의식에 자리 잡고 있었다. 스트레스는 여지없이 나의 꿈속에 나타났다. 반복되는 꿈은 내면의 불안과 힘든 심리 상태를 간접적으로 내게 알려주었던 것이다.

최근 몇 년 동안 '나는 내가 할 수 있는 일이 무엇일까? 나는 할 줄 아는 게 없네!' 하며 내 자신을 무척이나 초라하게 바라보았다. 남편과 트러블이 생기면 '내가 집에 있다고 무시하는 건가?'라는 생각마저 들었다. 나를 점점 부족한 인간으로 생각하며 지냈다.

2018년 나는 자기계발 관련 강의를 4주간 들었다. 같이 수업을 듣는 수강생들은 6명이었다. 다들 나와 같은 아기 엄마들이다. 강사님의 강의는 삶을 지혜롭게 살아가는 방법, 생각의 변화로 인생이 변할 수 있다, 아이를 키울 때 어떠한 마음가짐으로 키워야 하는지 등이었다. 모든 내용이 나에게 도움이 되는 유용한 강의였다.

강의 내용을 하나도 놓치고 싶지 않았다. 그래서 강사님의 말씀을 내 나름대로 공책에 옮겨 적었다. 수업이 끝나고 쉬는 시간이었다. 사람들은 다 같이 "현주 씨, 노트 정리를 왜 이렇게 잘해?"라고 했다. 나는 뜻밖의 칭찬에 너무 쑥스러웠다. 내가 봤을 때는 글씨를 휘갈겨 쓴 노트로 보였기 때문이다. 그런데 사람들은 다르게 생각하는 것이다. 그날 나는 굉장히 기분이 좋았다. 누군가로부터 오랜만에 들은 칭찬 때문인지 무척 행복했다. 그리고 내가 생각보다 훨씬 나에게 엄격한 잣대를 세우고 있다는 것을 깨달았다. 그 뒤로도 내 노트 필기에 대한 긍정적인 피드백을 여러 번, 여러 사람들에게 받았다.

브레네 브라운 작가의 『마음가면』에서는 취약성이라는 것에 대해 자세히 설명해놓았다. 자신의 취약성을 인정하고 드러내면 수치심, 불안, 강박에서 자유로울 수 있다고 한다.

"완벽주의에서 해방되고 싶다면 남들이 뭐라고 생각하는지 신경 쓰지 말고 스스로 괜찮은 사람이라고 생각해야 한다." 라고 말한다.

누군가 지적할 수 없게 뭐든지 완벽한 상태를 유지하는 사람들이 있다. 그들은 한 치의 오차도 허용하지 않는 사람들이다. 그들은 자신을 언제나 긴장 상태로 내몬다. 하지만 그들은 누군가의 비판과 비난이 두렵고 무서운 사람들이다.

'내가 아직 실력이 부족한데 어떻게 저 회사를 가? 내가 아직 공부가 부족한데 누구를 가르칠 수 있겠어? 내가 어떻게 할 수 있겠어?' 평생 나를 한계 지웠던 내 마음속 이야기이다. 나는 배짱이 없었다. 스스로 괜찮은 사람이라고 생각하지도 않았다. 그저 남들과 비교해서 턱없이 부족한 사람으로 생각했다. 취약한 사람이었다. 그렇다고 해서 취약성을 드러내지도 못했다. 누군가 나의 취약함을 들춰낼까 봐 가면을 쓰고 가리기 급

급했다.

　브레네 브라운은 마음의 가면을 벗어 던지고 나의 취약함을 드러내라고 한다. 그 과정이 힘들고 긴 여정일 수 있다. 하지만 이제 취약함을 인정하고 드러내보려고 한다. 나는 더 이상 나를 가리려 하지 않겠다. 당당하게 인정하고 모든 일을 적극적으로 도전하려고 한다. 나는 더 이상 하고 싶은 말도 못하고 꿀 먹은 벙어리가 되어 울기만 하는 꿈속의 내가 아니다. 이제 그런 나는 만나고 싶지 않다.

　나는 달라지고 변하려고 한다. 변했다고 생각한다. 내가 원하는 모습을 생생하게 상상하고 떠올린다. 긍정적인 생각만 하고 얼굴에는 항상 미소가 떠나지 않도록 연습한다. 마음의 평화와 안정을 찾아 언제나 웃는 내가 되려고 한다. 내 안의 열정을 표출할 수 있는 대담하고 적극적인 사람이 되기로 책을 읽으며 내 자신과 약속했다.

책은 나에게 용기와 위로가 되었다

우리는 저마다 힘든 것이 있다. 겉으로 보이는 모습이 다가 아니다. 최근에는 방송에서 즐겁게 웃고, 밝은 모습을 보이던 개그맨들이 공황장애라는 질병과 싸우고 있다는 소식을 종종 듣는다. 그들의 안타까운 소식에 방송에서 즐거운 모습만을 보았던 대중들은 무척 놀라지 않을 수 없다. 그들은 공황장애로 인해 일상생활 자체가 어려워졌다고 한다. 때문에 생계인 방송까지 그만둔 것이다. 공황장애의 원인은 다양하다. 신경생물학적, 심리적, 유전적 원인 등 다양한 원인에 의해 공황장애가 발생한다고 한다.

하던 일이 잘 안 풀린다. 내가 선택하는 것마다 실패를 자주 경험한다. 이럴 때 자신에 대한 믿음과 신뢰가 지하까지 떨어지는 경우가 있다. 그러다 보면 '나는 무얼 해도 안 되나 봐, 내가 무엇을 할 수 있겠어?'라며 자신을 비하한다. 그리고 자신감 없는 모습을 보이게 된다. 우리는 무언가 고민이 있거나 해결책을 찾기 어려울 때 여러 방법으로 도움을 받으려 한다.

내가 20살 때의 일이다. 나는 고3 수능시험이 끝나고 몇 군데 대학 입학원서를 넣었다. 그리고 합격자 소식을 기다리고 있었다. 10개도 넘는 대학에 원서를 넣었다. 아직 한 곳에서도 합격 소식을 듣지 못했다. 우울해하고 있을 때였다. 그날은 마침 친구와 수원 남문에서 만나기로 한 날이었다. 원래 타려고 했던 버스를 놓쳤다. 급한 대로 다른 버스를 타고 남문을 향해 가고 있었다.

내가 탄 버스는 내가 내려야 하는 정류장보다 한 정거장 앞서 내려야 했다. 하차 벨을 눌렀다. 나는 버스에서 내려 약속 장소로 걸어가고 있었다. 한참을 걷고 있는데 여자분 2명이 나에게 말을 걸었다. "여기 불교 서적 파는 서점이 어디 있어요?" 나는 내가 알고 있는 서점을 그분에게 알려주었다. 그리고 나는 내 갈 길을 가려고 했는데 갑자기 그분이 나에게 또 말을 거는 것이다. "그런데 인상이 너무 좋으세요. 지금 학생이에요?" 뜬금없는 말씀에 나는 "네~." 하고 다시 발걸음을 옮겼다. 다시 그 분은 "그런데 요즘 걱정거리가 있나 봐요?"라고 하는 것이다. 나는 이 말에 약간 마음이 흔들렸다. 그들은 나의 반응을 보더니 "그럼 우리 같이 차 한 잔 마시면서 이야기 나누는 거 어때요? 잠깐이면 되요."라고 했다.

지금 생각하면 내가 생전 처음 보는 사람들에게 왜 마음이 움직였는지 모르겠다. 지금처럼 무서운 일이 많이 발생하는 세상인 것을 알았다면 나는 절대 그들의 질문에 대답하지 않았을 것이다.

결국 나는 친구에게 급한 일이 생겨서 오늘 약속은 못 지킬 것 같다고 연락을 했다. 친구한테는 진심으로 미안했다. 그분들과 이야기를 나누게 되었다. 자기들은 마음을 공부하는 사람들이고 나의 고민과 걱정을 도와 주고 싶다고 했다. 내가 '어떻게 하면 되는 거냐?'라고 묻자 제사를 지내 야 한다고 했다. 약간의 돈이 필요하다면서……. 그래서 나는 학생이라 돈이 없다고 했다. 그랬더니 현재 얼마가 있냐고 그들은 물어보았다. 지 갑을 보니 5만 원이 있었다. 5만 원밖에 없다고 했다. 그것만으로도 충분 하다며 같이 제사를 지내러 가자고 했다.

나는 무언가에 홀린 듯 그들을 쫓아갔다. 그곳에는 각종 과일과 전, 떡 등을 잔뜩 차려놓은 제사상이 있었다. 그곳에서 같이 절을 하고 기도를 한 다음 나는 간단한 먹을거리를 먹고 나왔다. 그렇게 30분 만에 그곳에서 나와 나는 집으로 갔다. 내 인생의 최대 고민을 생전 처음 보는 그들과 함께 나눴다.

20년 전의 일이다. 지금 누군가에게 이 이야기를 하면 미쳤다고 할 것이다. 나도 그렇게 생각한다. 내가 왜 그들을 따라갔을까? 대학 입시에서 합격하지 못할 것 같은 불안감을 그들에게나마 위로받고 싶었는지도 모르겠다. 다행히 나는 그곳에서 별일 없이 무사히 탈출하였지만 지금 생각하면 아찔한 일이다.

그 뒤로도 나는 이런 사람들 흔히 '도를 아십니까.'라는 사람들을 출퇴근 하는 길에 많이 만났다. 특히 수원은 남문이나 수원역에 이런 사람들이 자주 돌아다닌다. 복장과 스타일이 2001년 그때와 너무 똑같다. 2인이 짝을 지어 다니며 무작위로 사람들에게 말을 건다. 그리고 그들의 질문에 조금이라도 친절하게 대답을 해주면 그때부터는 2명이 동시에 이야기를 한다. 나는 20살 때 이런 일을 겪어봐서 먼 곳에서 걸어오는 사람의 형체만 봐도 저 사람이 '도를 아십니까구나!'를 단번에 알 수 있다.

사람들은 위로가 필요할 때 누군가에게 의지를 한다. 그게 신이 되었던, 점, 종교, 친구, 가족이든 무엇이든지 간에 위로와 용기를 받길 원한다. 『어둠의 딸, 태양 앞에 서다』, 『더 플러스』의 조성희 작가도 20대 지질이 시절, 빚도 많고 매일 같이 술에 찌들어 살았다고 한다.

하루는 선배 언니와 함께 유명한 왕십리 점집을 찾아 갔다. 그곳에서 그녀는 47세까지 인생이 펴지 않는다는 이야기를 들었다. 그 말에 충격을 받고 앞으로 20년 넘게 이렇게 살아야 한다니 너무 끔찍했다고 한다. 더 이상 이렇게 살고 싶지 않다는 생각에 인생의 목표를 세우고 죽기 살기로 실천하였다고 한다. 교포처럼 영어를 하고 싶다는 목표를 세우고 진짜 교포냐는 말을 들을 정도로 외모와 행동, 말투가 변하였다. 미국 유명한 회사에 취업하며 왕십리 점집을 찾아갔을 때와는 완전히 다른 삶을 살게 되었다고 한다.

나는 조성희 작가의 책을 읽고 20살 나의 모습이 떠올랐다. 작가와 나는 똑같이 누군가의 말을 들으러 간 것이다. 그런데 작가는 그 사람의 말을 부정하였다. 그리고 자신을 더 발전시키기 위해 엄청난 노력을 하였다. 노력의 결과 그녀가 원하는 모든 것을 이루고 지금은 작가, 코치, 강연가의 삶을 살며 멋지게 살아가고 있다. 아무도 나의 삶을 대신 살아줄 수 없다. 나의 고민과 걱정은 내 자신이 해결할 수 있는 것이다. 다른 사람의 의견에 나의 삶을 무책임하게 맡겨서는 안 된다는 것을 알았다.

우리에게 주어진 고통의 순간을 벗어나기 위해 우리는 신께 간절히 기도를 한다. 평상시 종교가 없던 사람도 세상의 모든 신을 찾는다. 제발 나를 고통의 순간으로부터 꺼내 달라고 빌고, 빌고 또 빈다. 하지만 이런 기도가 정말 신께 닿을까? 나도 천주교 신자이다. 물론 성당을 열심히 다니지는 않지만 어려운 일이 생길 때마다 나는 하느님을 찾는다. '하느님! 제발 저희를 도와주세요, 하느님! 제발 저에게 희망을 주세요.' 이런 기도를 그동안 얼마나 많이 하였나? 하지만 신은 내 편이 아닌 것 같았다. 기도를 하는 방법이 잘못된 것이다.

나는 다양한 책을 통해 제대로 기도하는 법을 배웠다. 기도는 내가 원하는 것이 이미 이루어졌다는 믿음으로 하여야 한다. "도와주세요, 이루게 해주세요. 할 수 있게 해주세요."가 아니다. 이미 이루어진 것으로 믿고 "나는 작가가 되었다, 나는 풍요롭다, 나는 건강하다."처럼 이미 이루어진 상태를 소망하자. 이루어진 모습을 생생하게 상상하자. 그리고 그 느낌을 온전히 느끼며 기도하여야 한다고 이야기한다.

책은 세상에 이루지 못할 것이 없고, 꿈은 내가 할 수 있는 것의 10배 이상으로 꾸어야 한다고 말한다. 예전에 책을 읽기 전에는 이런 말들을 믿지 않았다. '지금 내 현실이 이런데 어떻게 헛된 꿈을 꾸지? 분수에 맞게 소박한 꿈을 꾸어야지.'라는 생각이 컸다. 하지만 나는 책을 통해 용기를 갖게 되었다. 그리고 책을 읽으며 위로를 얻는다. 최근 한 친구가 아주 유명한 점집을 알게 되었다며 소개해주었다. 지인이 점을 보러 갔더니 너무 잘 맞춰서 무척이나 놀랐다며 나에게도 소개해주었다. 자신도

가야겠다고 했다. 솔깃했다. 나도 당장 가보고 싶었다. 그분에게 물어보고 싶은 것들이 내 마음속에 한가득 있었다. 친구에게 정보를 듣고 며칠이 흘렀다. 그사이 친구는 점을 보러 갔다 왔다. 궁금한 점을 몇 가지 물어보고 한 시간 넘게 이야기를 듣고 왔단다. 그분이 정말 용한 것 같다며 잘 맞춘단다.

친구의 이야기를 들으니 또 마음이 흔들렸다. 잠깐 아이를 맡기고 나도 가볼까 했다. 그러나 이내 마음을 접었다. 만약 그곳에 가서 내가 궁금한 것들을 물어본다 한들 내가 듣고 싶은 이야기만 들을 수 있다는 보장이 없었다. 혹시 기대에 못 미치는 이야기를 듣는다면 나는 얼마나 실망과 좌절에 빠질 것인가. 조성희 작가가 왕십리 그분을 만나러 갔을 때 그런 충격적인 이야기를 들으려고 간 것이 아니었을 것이다. 지금도 힘들고 괴로운데 앞으로 20년이 지나야 인생이 풀린다니! 나는 점을 보러 가지 않기로 마음먹었다. 그곳에 다녀오면 용기와 위로를 받을 수 있을 것이다. 또한 삶의 방향을 파악하는 데도 도움을 받았을지 모른다. 하지만 나는 나의 인생을 내가 원하는 대로 끌고 가려고 한다. 내가 나를 위로하고 용기 주기로 마음먹었다. 책을 읽고 용기를 얻기로 했다. 하지만 아직은 나도 누군가에 기대어 내 미래를 미리 알고 싶은 마음이 있다. 사람들은 누구나 그런 마음이 있을 것이다.

1년에 책 한 권 읽지 않던 내가 책을 쓰고 있다

사실 나는 1년에 책 한 권 읽지 않았던 사람이다. 대한민국 사람들 중 책을 읽는 사람들이 얼마나 될까? 예전에 '책 읽는 대한민국을 만들자.' 라는 슬로건으로 MBC 〈느낌표, 책책책 책을 읽읍시다〉라는 프로그램이 있었다. 프로그램에서 추천하는 책들은 순식간에 베스트셀러가 되고 많은 사람들이 책 읽기 열풍에 빠져들었다.

프로그램에서 추천한 책은 총 25권이었다. 시, 소설, 동화, 자서전, 산문, 인문, 교양 등 다양한 종류의 책들을 소개해주었다. 대한민국에 책 읽기 열풍을 일으킨 엄청난 프로그램이었다. 이 당시 나는 20대 초반이 었는데 25권의 책 중에서 나는 단 한 권도 읽은 것이 없었다. 내 친구들 중에는 『봉순이 언니』, 『아홉 살 인생』등의 책을 읽는 친구들이 종종 있었 다.

책 읽기의 중요성과 필요성은 어릴 때부터 귀에 딱지가 생길 정도로 많이 들었다. 위인전을 읽어보면 어린 시절부터 책을 손에서 놓지 않고 다독하였다는 사람들을 많이 접한다.

새해가 되면 모두 책 읽기 계획을 세울 것이다. 나 역시 그랬다. 올해 의 책 읽기 목표는 '한 달에 한 권씩 30권 읽자!'라고 계획을 한다. 하지만 계획은 새해가 시작되고 한 달도 안 되어 무너지고 만다. 한 달에 한 권 을 읽지 못한 것이다. 다시 마음을 잡고 다시 독서를 하면 된다. 하지만 그동안 책을 읽지 못했기 때문에 2월 달에 다시 책 읽기를 시도하기가 여 간 새삼스러운 일이 아니다.

다이어리를 작성할 때도 마찬가지다. 매년 스타벅스 다이어리는 조기 품절이 된다. 나 역시 매년 커피를 마시고 쿠폰 17개를 부지런히 모은다. 모자란 것은 친구에게 부탁해서 받기도 했다. 스티커를 다 모으고 다이 어리로 교환한다. 스타벅스 다이어리만 있으면 얼마든지 알찬 1년을 보 낼 수 있을 것 같은 생각에 마음이 뿌듯하다. 그런데 지난 5년 동안 모아

온 스타벅스 다이어리를 살펴보니 1~3월 달만 글씨가 씌어져 있다. 책 읽기 계획을 세우고 한두 달만 책 읽기를 한 것과 너무나도 닮아 있다. 책 읽기는 사람들이 다이어리를 꾸준히 일 년 간 쓰는 것만큼이나 어려운 일이다.

나 역시 책 한 권 읽기가 어려운 날들도 많았다. 꾸준함과 습관이 몸에 밸 때까지는 의도적인 노력이 필요하다. 매일매일 책을 손에서 놓지 않으려고 하였다. 그러다 보니 스트레스 해소 방법으로 책 읽기를 하고 있는 내 모습을 발견하고는 깜짝 놀란 적이 한두 번이 아니다. 저마다 스트레스 해소 방법이 있을 것이다. 누구는 노래방에서 신나는 노래를 목청껏 부르고 스트레스가 해소되기도 하고 누구는 땀을 쫙 빼는 운동을 하고 나면 스트레스가 해소된다고 한다.

나는 책을 읽다 보니 책 읽기가 내 마음의 안정을 찾는 데 가장 도움이 된다는 것을 알았다. 그래서 화가 나거나 욱하는 마음이 들거나 아니면 내 자신을 반성하고 싶을 때 무조건 책을 읽었다. 그러다 보니 어느새 한 번에 3~4권의 책을 동시에 읽는 경우도 있었다. 한 권은 의식 관련 책, 한 권은 육아서, 한 권은 필사 책, 한 권은 자기계발서 이렇게 말이다.

과거의 나를 생각하면 한 번에 3~4권의 책을 읽는 현재 내 모습은 상상도 할 수 없는 일이다. 과거의 나는 1년에 책 한 권도 제대로 읽지 못한 사람이었기 때문이다. 한번은 '내가 할리우드 배우인 톰 크루즈처럼 난독 증인가.'라는 생각도 들었다. 물론 톰 크루즈처럼 글을 못 읽는 것은 아니었다. 하지만 그만큼 책 읽기가 어려웠다.

하루 일과를 마치고 샤워를 하고 화장대 앞에서 간단히 스킨, 로션을 바른다. 서랍을 열어 정리를 하려고 하는데 서랍 안쪽에서 차곡차곡 접어놓은 A4용지 4장을 발견했다. 이사를 하면서 마저 정리하지 못하고 대충 화장대 서랍 안에 넣어두었던 종이였다. 나는 종이를 펼쳐서 하나하나 살펴보았다. 종이에는 나에 대한 것들이 빼곡하게 적혀 있었다. '내가 좋아하는 것, 지금까지 내가 한 것, 그리고 앞으로 내가 하고 싶은 것 & 할 일' 등이 쓰여 있었다. 작성 날짜가 적혀 있지 않아서 최근 메모라고 생각했다. 그런데 글을 읽으며 작성 날짜를 추론해보니 무려 2011년에 작성해놓은 것이다. 그때 내 나이가 30살이었다. 10년 전 메모다.

그 당시 나는 30살이 되면서 그 동안의 삶을 되돌아보고 미래의 계획을 세워놓으려는 의도로 메모를 했던 것 같다. 내가 발견한 메모는 벌써 10년이나 지난 것이었다. 메모는 '월급 500 받기, 연봉 1억 만들기, 악기 배우기, 다이어트하기, 요리 배우기, 나누는 사람 되기' 등 하고 싶고 되고 싶은 것들 35가지를 적어놓았다. 종이를 보며 '내가 이렇게 꿈이 많은 사람이었나.'라는 생각에 눈시울이 붉어졌다. 나는 종이 위의 메모를 보며 30살 당시의 내 모습을 회상하고 추억에 잠겼다.

그런데 그중 한 줄의 메모가 너무나도 놀라웠다. 거기에는 이렇게 적혀 있었다. '전문 분야에서 성공하여 책 집필(사람은 죽으면 이름을 남긴다는데, 그것이 책이란다. 예전에 교수님이 말씀하심……)'이라고 써놓은 것이다. 2011년 나는 미래에 책을 쓰고 싶었나 보다. 그러나 성공해서 책을 써야 한다고 생각하고 있었던 것이다. 그런데 이 메모를 발견한 당시(2021년 1월) 나는 이미 책을 쓰고 있었다. 그래서 더욱 소름이 돋았다. '이게 어떻게 된 일이지? 너무 신기하다.'라는 생각이 들었다.

현재 나는 전문 분야에서 성공할 만한 업적을 세운 것이 아니다. 누군가에 의해 교수님, 박사님, 전문가님이라는 칭호로 불리지도 않는 사람이다. 그런데 이렇게 원고를 쓰고 있다.

내가 20대 때 온 대한민국 사람들은 TV 프로그램에서 추천하는 책을 읽었다. 그러나 그때 나는 그 추천 도서를 한 권도 읽지 않았었다. 그런데 2021년 나는 성공하지도 않았지만 나의 경험을 나누고자 책을 쓰고 있다. 원하는 바를 종이에 적으면 이루어진다고 한다. 2011년 작성해놓은 작은 메모가 기적처럼 지금의 내가 책을 쓸 수 있게 한 것인가? 그 당시 나는 종이 위해 쓰면 이루어진다는 것도 몰랐다.

하지만 '책 집필'이라고 적은 메모와 현재 내 상황을 비교해보니 놀라지 않을 수 없다. 나는 10년 전부터 작가가 되고 싶다는 꿈이 있었던 것 같다. 그 동안 내가 그런 꿈을 꾸었는지조차 잊어버릴 만큼 기대하지도 않았던 꿈이었다. 입 밖으로 내놓지도 못하고 종이에만 적어놓은, 스스로 실현되기 힘들다고 생각한 꿈이었다.

책을 쓰는 작가는 나처럼 평범한 사람은 할 수 없는 일이라고 생각했다. 그런데 우연히 접한 유튜브의 〈김도사 TV〉에서 김도사는 누구나 책을 쓸 수 있다고 강조하였다. 김도사의 이야기에 '정말인가? 나 같은 평범한 사람도 책을 쓸 수 있다고?'라는 생각이 내 마음속에 들어왔다. 그리고 그가 운영하는 〈한국책쓰기1인창업협회〉를 알게 되었다. 그곳은 책쓰기라는 꿈을 가진 사람들이 엄청 많이 모인 곳이었다. 나는 내 꿈에 다가가기 위해 김도사 님께 책 쓰기 수업을 들었다. 그리고 하루하루 책을 읽으면서 10년 전 나의 꿈에 점점 다가가는 중이다. 책을 읽으며 '나도 작가가 될 수 있을까?'라는 작은 희망을 품었다. 그 희망으로 결국 나는 지금 원고를 쓰고 있다.

어린아이들의 꿈은 상상할 수도 없을 만큼 크고 위대하다. 아이들은 꿈의 크기를 생각하고 내가 할 수 있을까 없을까를 생각하며 꿈꾸지 않는다. 마냥 하고 싶고, 되고 싶은 마음 하나로 꿈을 키운다.

그런데 성인이 된 우리들은 어떤가? 나에게 주어진 현실에 안주하고 현실 안에서 생각하고 현실 안에서 꿈을 꾼다. 누군가에게 "나 작가가 되고 싶어."라고 했다면 내 주변 사람들은 어떻게 반응했을까? "네가 무슨 주제로 책을 쓰려고? 책은 아무나 쓰는 게 아니야! 꿈 깨라~!" 등의 부정적인 반응을 보이는 이들이 대다수였을 것이다. 우리는 우리가 가보지 않은 길은 길이 아니라고 생각하는 경향이 있다. 누군가 이미 앞서간, 그래서 평평하게 닦아놓은 아스팔트길을 안전하고 최고의 길이라고 생각한다. 아무도 가지 않은 자갈길을 두려워하지 않아야 한다. 나는 내 주변 누구도 가보지 않은 작가라는 새로운 길을 향해 걸어가고 있다. 나의 지인 중에는 나에게 "작가가 되어보는 건 어때?"라고 이야기한 사람이 아무도 없다.

작가의 길이 어떤 이에게는 성공의 탄탄대로가 될 수 있을지 모른다. 그것은 알 수 없는 일이다. 나는 10년 전 메모한 나의 잃어버렸던 작가의 꿈을 찾았다. 그리고 그 꿈을 이루기 위해 이렇게 글을 쓰고 있다. 지금보다 더 나은 내일을 희망하면서 말이다. 당신이 꾸는 꿈은 허황된 것이 아니다. 꿈의 크기가 우주만큼 클 뿐이다.

CHAPTER 5

580 LETTERS, ONE CHECK

Let sorrowful longing dwell in your heart.
Never give up, never lose hope.
Allah says, "The broken ones are my beloved."
Crush your heart. Be broken.

—Shaikh Abu Saeed Abil Kheir, aka Nobody, Son of Nobody

THE TYPEWRITER WAS too small for Mortenson's hands. He kept hitting two keys at once, tearing out the letter, and starting over, which added to the cost. A dollar an hour to rent the old IBM Selectric seemed reasonable, but after five hours at downtown Berkeley's Krishna Copy Center, he'd only finished four letters.

The problem, apart from the inconvenient way IBM had arranged the keys so close together, was that Mortenson wasn't sure, exactly, what to say. "Dear Ms. Winfrey," he typed, with the tips of his forefingers, starting a fifth letter, "I am an admirer of your program. You like me as someone who really cares what is best for people. I am writing to tell you about a small village in Pakistan called Korphe, and about a school that I am trying to build there. Did you know that for many children in this beautiful region of the Himalaya there are no schools at all?"

This is where he kept getting stuck. He didn't know whether to come right out and mention money, or just ask for help. And if he asked for money, should he request a specific amount? "I plan to build a one-room school to educate 100 students up to the fifth grade," climbing K2, the world's

epilogue

하루 10분 책 읽기로
당신도 이제 행복해질 수 있다!

책 읽기의 중요성은 누구나 다 알고 있을 것이다. 하지만 책을 꾸준히 읽는다는 것은 쉬운 일이 아니다. 특히 '행복을 위해 책을 읽어볼까?'라고 생각하는 사람들이 얼마나 있을까?

나 역시 행복해지기 위해서 책을 읽은 것은 아니었다. 우연히 책을 접하게 되면서 평상시의 나의 모습을 되돌아보게 되었고 책 속의 한 문장, 한 구절들을 마음에 새기고 의미를 곱씹어보면서 부정적인 생각을 하던 내가 점점 긍정적이 된 것이다. 책이 나를 변화시켰다.

시중에는 '이 책만 보면 당신도 인생이 변할 수 있다. 이 책만 보면 당신도 돈을 많이 벌 수 있다.'라는 문구로 독자들에게 강하게 어필하는 책들이 수없이 많다.

나 역시 그런 책들의 문구에 혹해서 한 권 두 권 읽어보았다. 하지만 내가 그 책을 읽었다고 당장 바뀌지는 않았다. 생각 없이 실행 없이 무조건적인 책 읽기만 하였기 때문이다. 나를 변화시키고자 책을 샀고 책을 읽었다. 하지만 매번 책 한 권 읽는 것에만 집중하였다. 책을 다 읽은 내 자신이 대견하고 뿌듯할 뿐이었다. 나의 삶에 남는 것이 아무 것도 없었다. 내 옆에는 의미 없는 책들만 쌓이고 있는 것이다.

나는 당신이 이 책을 통해서 생활 속 책 읽기 습관을 들이는 데 도움이 되길 바라는 마음으로 원고를 썼다. 천 권 만 권을 읽어도 아무 소용이 없다. 우리는 책 많이 읽기 대회에 나가려고 독서를 하는 게 아니다. 단한 권을 읽더라도 책의 내용이 내 삶을 변화시키는 데 도움을 주고 내 마음을 위로해준다면 그것이 바로 값진 독서가 되는 것이다.

나 역시 책 읽기를 내 생활의 가장 중요한 요소로 생각한 지 얼마 되지 않았다. 누군가처럼 독서량이 현저히 많은 것도 아니다. 하지만 생활 속

짧은 책 읽기를 통해 나의 생각과 마인드, 인생을 바라보는 관점이 달라졌다. 이제는 내가 처한 현실을 비관하고 비판하지 않는다. 부정의 단어, 생각은 내뱉지도 떠올리지도 않는다. 그것들이 내 마음속, 머릿속에 들어오지 못하도록 단단하게 잠금장치를 해놓았다. 혹시라도 빈틈을 찾아 부정적인 생각이 들어오려고 안간힘을 쓰고 있다면 나는 다시 한 번 원천 봉쇄를 한다. 책을 읽고 책을 쓰는 지금 나는 행복한 상상, 앞으로 발전할 나의 모습만 상상한다. 모든 것이 감사하고 우주의 모든 에너지가 나를 위해 일한다고 생각하게 되었다. 이렇게 담대해지고 긍정적인 생각으로 변화한 데는 책의 역할이 무척 컸다. 지금 당신이 힘들거나 지쳤다면 어떤 책이라도 한번 읽어보자.

지금과는 다른 삶을 살고자 한다면 책을 찾아 읽어보자. 책은 마음과 생각을 위로하고 넓혀주는 가장 좋은 도구이다. 책은 당신에게 가장 좋은 치료제, 인생 멘토가 될 수 있다고 나는 생각한다. 내 책 역시 당신에게 작은 위로와 변화의 촉매제가 되길 바란다.